思想的・睿智的・獨見的

經典名著文庫

學術評議

丘為君　吳惠林　宋鎮照　林玉体　邱燮友

洪漢鼎　孫效智　秦夢群　高明士　高宣揚

張光宇　張炳陽　陳秀蓉　陳思賢　陳清秀

陳鼓應　曾永義　黃光國　黃光雄　黃昆輝

黃政傑　楊維哲　葉海煙　葉國良　廖達琪

劉滄龍　黎建球　盧美貴　薛化元　謝宗林

簡成熙　顏厥安（以姓氏筆畫排序）

策劃　楊榮川

五南圖書出版公司 印行

經典名著文庫

學術評議者簡介（依姓氏筆畫排序）

- 丘為君　美國俄亥俄州立大學歷史研究所博士
- 吳惠林　美國芝加哥大學經濟系訪問研究、臺灣大學經濟系博士
- 宋鎮照　美國佛羅里達大學社會學博士
- 林玉体　美國愛荷華大學哲學博士
- 邱燮友　國立臺灣師範大學國文研究所文學碩士
- 洪漢鼎　德國杜塞爾多夫大學榮譽博士
- 孫效智　德國慕尼黑哲學院哲學博士
- 秦夢群　美國麥迪遜威斯康辛大學博士
- 高明士　日本東京大學歷史學博士
- 高宣揚　巴黎第一大學哲學系博士
- 張光宇　美國加州大學柏克萊校區語言學博士
- 張炳陽　國立臺灣大學哲學研究所博士
- 陳秀蓉　國立臺灣大學理學院心理學研究所臨床心理學組博士
- 陳思賢　美國約翰霍普金斯大學政治學博士
- 陳清秀　美國喬治城大學訪問研究、臺灣大學法學博士
- 陳鼓應　國立臺灣大學哲學研究所
- 曾永義　國家文學博士、中央研究院院士
- 黃光國　美國夏威夷大學社會心理學博士
- 黃光雄　國家教育學博士
- 黃昆輝　美國北科羅拉多州立大學博士
- 黃政傑　美國麥迪遜威斯康辛大學博士
- 楊維哲　美國普林斯頓大學數學博士
- 葉海煙　私立輔仁大學哲學研究所博士
- 葉國良　國立臺灣大學中文所博士
- 廖達琪　美國密西根大學政治學博士
- 劉滄龍　德國柏林洪堡大學哲學博士
- 黎建球　私立輔仁大學哲學研究所博士
- 盧美貴　國立臺灣師範大學教育學博士
- 薛化元　國立臺灣大學歷史學系博士
- 謝宗林　美國聖路易華盛頓大學經濟研究所博士候選人
- 簡成熙　國立高雄師範大學教育研究所博士
- 顏厥安　德國慕尼黑大學法學博士

經典名著文庫201

亞里斯多德　範疇篇 解釋篇

Categoriae & De Interpretatione

亞里斯多德(Aristotle) 著

方書春 譯

王志輝 導讀

經典永恆・名著常在

五十週年的獻禮・「經典名著文庫」出版緣起

總策劃 楊榮川

閱讀好書就像與過去幾世紀的諸多傑出人物交談一樣——笛卡兒

五南，五十年了。半個世紀，人生旅程的一大半，我們走過來了。不敢說有多大成就，至少沒有凋零。

五南忝爲學術出版的一員，在大專教材、學術專著、知識讀本出版已逾壹萬參仟種之後，面對著當今圖書界媚俗的追逐、淺碟化的內容以及碎片化的資訊圖景當中，我們思索著：邁向百年的未來歷程裡，我們能爲知識界、文化學術界做些什麼？在速食文化的生態下，有什麼值得讓人雋永品味的？

歷代經典・當今名著，經過時間的洗禮，千錘百鍊，流傳至今，光芒耀人；不僅使我們能領悟前人的智慧，同時也增深加廣我們思考的深度與視野。十九世紀唯意志論開創者叔本華，在其〈論閱讀和書籍〉文中指出：「對任何時代所謂的暢銷書要持謹慎的態度。」他覺得讀書應該精挑細選，把時間用來閱讀那些「古今中外的偉大人物的著作」，閱讀那些「站在人類之巔的著作及享受不朽聲譽的人們的作品」。閱讀就要「讀原著」，是他的體悟。他甚至認爲，閱讀經典原著，勝過於親炙教誨。他說：

「一個人的著作是這個人的思想菁華。所以，儘管一個人具有偉大的思想能力，但閱讀這個人的著作總會比與這個人的交往獲得更多的內容。就最重要的方面而言，閱讀這些著作的確可以取代，甚至遠遠超過與這個人的近身交往。」

爲什麼？原因正在於這些著作正是他思想的完整呈現，是他所有的思考、研究和學習的結果；而與這個人的交往卻是片斷的、支離的、隨機的。何況，想與之交談，如今時空，只能徒呼負負，空留神往而已。

三十歲就當芝加哥大學校長、四十六歲榮任名譽校長的赫欽斯（Robert M. Hutchins, 1899-1977），是力倡人文教育的大師。「教育要教眞理」，是其名言，強調「經典就是人文教育最佳的方式」。他認爲：

「西方學術思想傳遞下來的永恆學識，即那些不因時代變遷而有所減損其價值的古代經典及現代名著，乃是眞正的文化菁華所在。」

這些經典在一定程度上代表西方文明發展的軌跡，故而他爲大學擬訂了從柏拉圖的《理想國》，以至愛因斯坦的《相對論》，構成著名的「大學百本經典名著課程」。成爲大學通識教育課程的典範。

歷代經典．當今名著，超越了時空，價值永恆。五南跟業界一樣，過去已偶有引進，但都未系統化的完整舖陳。我們決心投入巨資，有計劃的系統梳選，成立「經典名著文庫」，希望收入古今中外思想性的、充滿睿智與獨見的經典、名著，包括：

- 歷經千百年的時間洗禮，依然耀明的著作。遠溯二千三百年前，亞里斯多德的《尼各馬科倫理學》、柏拉圖的《理想國》，還有奧古斯丁的《懺悔錄》。
- 聲震寰宇、澤流遐裔的著作。西方哲學不用說，東方哲學中，我國的孔孟、老莊哲學，古印度毗耶娑（Vyāsa）的《薄伽梵歌》、日本鈴木大拙的《禪與心理分析》，都不缺漏。
- 成就一家之言，獨領風騷之名著。諸如伽森狄（Pierre Gassendi）與笛卡兒論戰的《對笛卡兒沉思錄的詰難》、達爾文（Darwin）的《物種起源》、米塞斯（Mises）的《人的行爲》，以至當今印度獲得諾貝爾經濟學獎阿馬蒂亞・森（Amartya Sen）的《貧困與饑荒》，及法國當代的哲學家及漢學家朱利安（François Jullien）的《功效論》。

梳選的書目已超過七百種，初期計劃首爲三百種。先從思想性的經典開始，漸次及於專業性的論著。「江山代有才人出，各領風騷數百年」，這是一項理想性的、永續性的巨大出版工程。不在意讀者的眾寡，只考慮它的學術價值，力求完整展現先哲思想的軌跡。雖然不符合商業經營模式的考量，但只要能爲知識界開啓一片智慧之窗，營造一座百花綻放的世界文明公園，任君遨遊、取菁吸蜜、嘉惠學子，於願足矣！

最後，要感謝學界的支持與熱心參與。擔任「學術評議」的專家，義務的提供建言；各書「導讀」的撰寫者，不計代價地導引讀者進入堂奧；而著譯者日以繼夜，伏案疾書，更是辛苦，感謝你們。也期待熱心文化傳承的智者參與耕耘，共同經營這座「世界文明公園」。如能得到廣大讀者的共鳴與滋潤，那麼經典永恆，名著常在。就不是夢想了！

二〇一七年八月一日　於

五南圖書出版公司

亞里斯多德 範疇篇 解釋篇 導讀

東吳大學哲學系教授　王志輝

亞里斯多德於西元前三八四年，出生於現今希臘北部，馬其頓地區名為斯塔吉拉（Stagira）的城市，因而在文獻上亞里斯多德有時會被稱為「斯塔吉拉人」（the Stagirite）。在亞里斯多德活躍於雅典的年代，馬其頓王國在菲利普（Philip）國王及其子亞歷山大大帝的領導下，幾乎征服了所有希臘城邦、埃及北部、波斯帝國以及大部分的中亞地區。雖然亞里斯多德一生大多數的時間都是生活在雅典，但是他並非雅典公民。由於他跟馬其頓宮廷的緊密關係，他經常被馬其頓王國與希臘城邦之間不穩定的關係所影響。

亞里斯多德的父親乃是馬其頓王國的宮廷御醫，名叫尼各馬可（Nicomachus）。在西元前三六七年，他被送至雅典的柏拉圖學院（the Academy）學習將近二十年的時間，直到西元前三四七年柏拉圖死亡。在柏拉圖死後，亞里斯多德嘗試競選柏拉圖學院院長失利，因此在西元前三四七年，他離開雅典到了小亞細亞的阿所斯（Assos），之後又到了小亞細亞海岸邊的勒斯伯斯（Lesbos）島；在這些旅途中，他也開始進行一些海洋生物學的研究。之後，他又到了馬其頓擔任當時還是王子的亞歷山大大帝的家庭教師。在西元前三三五年他回到了雅典，建立了（據說是因爲再次競選柏拉圖學院院長失利）屬於他自己的，名爲呂西恩（Lyceum）[1]的學院；由於這個學院庭園前的迴廊（*peripatos*）相當著名，因此亞里斯多德與其門徒也被稱爲「迴廊學派」（the Peripatetics）。西元前三二三年亞歷山大大帝死亡，因而在雅典醞釀了一場反馬其頓的運動。在遭控褻瀆神明，並擔憂自己會遭遇與蘇格拉底一樣的命運的情況下，亞里斯多德離開雅典到了查爾希斯（Chalcis），「以免雅典人將對哲學犯下兩次罪行」[2]。但是隔年，亞里斯多德就病死在這裡。

亞里斯多德的著作廣泛，涵蓋了巨大範圍的學科，從邏輯、形上學、心靈哲學，到倫理學與政治哲學、美學與修辭學，甚至包含了像生物學這類非哲學性的

---

1 呂西恩（Lyceum）學院得到這個名稱，是因為它座落在雅典近郊阿波羅神殿附近（阿波羅神的別名是 Lyceus）。

2 W. F. Lawhead, *The Voyage of Discovery: A Historical Introduction to Philosophy. The Ancient Voyage: The Greeks and Romans* (Belmont, CA, 2000), p. 69.

經驗研究學科；亞里斯多德的著作都是由講課手稿、教材，以及學生抄寫的演講筆記與針對演講內容的詮釋彙編而來。《範疇篇》（*Categoriae*）在中世紀是被歸入處理邏輯與科學、哲學推論的《工具論》（*Organon*）的六部著作中；《工具論》通常被認爲是亞里斯多德的早期著作，可能成形於他在柏拉圖學院任教時期。由於在《工具論》中導論的位置，《範疇篇》通常被視爲主要處理構成語句以及三段論基本元素的孤立字詞之間的關係。《工具論》的第二部分《解釋篇》（*De Interpretatione*）則探討字詞如何結合而成單純的陳述。緊接著的《前分析篇》（*Analytica Priora*）、《後分析篇》（*Analytica Posteriora*）則是探討陳述之間的邏輯關係。《工具論》的最後兩部——《論題篇》（*Topica*）、《論詭辯性的反駁》（*Sophistici Elenchi*）則是探討辯證法、論辯技巧、邏輯謬誤以及一些其他的論辯特徵。

《範疇篇》分爲三個部分：(1)「前範疇論」（*Antepraedicamenta* = *Cat.* 1-3）；(2)「範疇理論」（*Praedicamenta* = *Cat.* 4-9）；(3)「後範疇論」（*Postpraedicamenta* = *Cat.* 10-15）。這個劃分也標示了此作品的三個主旨。「前範疇論」似乎提供了「範疇理論」的準備工作，但就內容來看，它與「範疇理論」的關係一直有些爭議。「範疇理論」則細緻地處理了各個範疇的主要特徵範疇。而「後範疇論」則聲稱提供了某些思考各個範疇之間關係的導引；學者猜測「後範疇論」可能是被後代編輯者附加的附錄。[3]

不過，《範疇篇》並不是只處理字詞之間的關係，而更加是探討這些字詞所表徵的**存有物**基本種類以及它們之間的關係；如亞里斯多德自己所言，諸範疇乃是「非複合性被陳述出的事物（things spoken without combination）」（*Cat.* 1b 25）之範疇。因此，《範疇篇》真正關心的，乃是存有事物最基本的類別與結構；亞里斯多德會注意語言特徵，並從分析語言特徵爲出發點，乃是因爲語言自然地遺留了一些世界中事物區別的痕跡，因而可以合理地被認爲提供了探索這些區別之線索。[4] 因此，《範疇篇》也可被當作是一本形上學著作，甚至代表了亞里斯多德早期的形上學實體論思想。從「範疇」一詞的基本含意，就可看出《範疇篇》中所潛藏的形上學與存有論面向。事實上，「範疇」（*kategoria*）一詞，亞里斯多德是從當時法庭上所使用的術語借用轉化而來：「範疇」原本的意義是「控告」，源自於動詞「控訴」（*kategorein*）——例如：我們通常會「控訴A因爲某件事B」，或者「指控A作了某件事B」。在這個「控訴」的基本架構中，相當重要的

---

3 Ch. Shield, *Aristotle* (London and New York, 2000), p.178.

4 如同 J. Ackrill (Aristotle, *Categories and De Intrepretatione* [Oxford, 1963], p. 71] 所言：「亞里斯多德極其依賴語言事實與語言檢驗，但他的目的乃是去發現關於非語言性事物的事實。」

是，當我們控訴某人，乃是將某件惡行歸屬給他。亞里斯多德在將「控訴」轉化爲「陳述」之意時，也延續了原本控訴所具有之存有論面向：當我們說「A是B」，或者以述詞B來陳述A時，其實也是將某種屬性B歸屬給A。將原本「控訴」轉化爲「陳述」的意涵後，亞里斯多德再將「陳述」一詞名詞化，便成了「範疇」這個概念；當然，由於「陳述」原本就有其詞存有論上的意涵，因此，「範疇」一詞也不僅是「述詞」的意義而已，範疇分類其實也代表了事物及其屬性的分類。

學者們咸認，亞里斯多德的範疇理論，作爲一套述詞分類理論，乃是源自於柏拉圖在《詭辯家篇》（*Sophistes*）中的一段討論；在這段討論中，柏拉圖提出了對同一件事物可以作不同描述的問題：「我們必須解釋，我們是以何種方式賦予同一件事物不同的名稱。例如：我們會對一個人作不同的描述，因爲我們用膚色、形狀、高度、缺點及優點等等來描述他。對於其他所有的人，我們都不僅說他是一個人而已，而是會說他是好人以及其他各種性質。同理，對於其他種類的事物情況也是一樣：我們把一個東西當作主詞，而用許多性質及名稱來描述它」（*Soph.* 251 a5-b3）。

從上段的引文，不難看出，其實在柏拉圖對於陳述方式區分的討論中，已經隱約顯露了述詞劃分的存有論面向：當我們用一個述詞來陳述主詞，其實是把一個性質歸給這個事物。亞里斯多德在延續柏拉圖對於區分陳述方式之可能性的討論時，也同樣地延續了其存有論的意涵。對亞里斯多德而言，在語句中出現的主詞與述詞關係，其實是事物與事物間的關係；被陳述的主詞與用來陳述的述詞，都是事物（或性質）。因此，亞里斯多德範疇理論所發展的範疇分類，也不單單是述詞之劃分而已，而主要對於存有事物的基本分類。從亞里斯多德所使用的「主詞」以及「述詞」的術語，就可以看出他並不是在討論當代語言哲學意義下的主詞述詞關係：他在討論範疇分類的脈絡中，一向以「*hypokeimenon*」〔承載體〕來代表主詞，以「*kategoroumenon*」〔被陳述物〕來代表述詞。反之，純粹作為語句中的主詞與述詞，無論是柏拉圖還是亞里斯多德都是以「*onoma*」〔名稱〕與「*rhema*」〔表述〕分別代表之。

當然，亞里斯多德也關心語言所造成的遮蔽及迷惑真相的問題。這個興趣可以從他在《範疇篇》第一章對於「同名異義詞」（homonym）、「同名同義詞」（synonym）以及「同源詞」（paronym）的區分看出。這個顯得與《範疇篇》其他段落格格不入的區分，學者們咸認，乃是延續亞里斯多德早期在《論題篇》第九書的範疇分類理論以及在《論詭辯性的反駁》中關於「誤推」之討論的問題。[5]基

5 K. Oehler, "Einleitung" zu Aristotleles, *Kategorien* (Darmstadt, 1997), S. 104-105.

本上，亞里斯多德提出上述的劃分，主要是爲了藉由揭示存在於統一的語言形式中的意義差異，以避免由於語言之誤解所造成之錯誤，以及基於同名異義詞所造成的誤推：「我們該如何面對基於意義不同的相同用語所造成的誤推問題，這是非常清楚的；因爲在此我們具有範疇的種類」（*Soph. Elen.* 178a 4-6）。從這個角度看，亞里斯多德對於「同名同義詞」以及「同名異義詞」以及「同源詞」的區分，以及範疇種類的劃分，應也具有語言哲學及知識論上的意涵。不過，它們存有論上的意涵仍顯露無遺；因爲，上述同名同義詞等等的區分，仍然不是針對語詞的劃分，而是針對在語詞中被表述的事物之劃分。此外，Owen與Schield都指出，亞里斯多德在《範疇篇》中一開始所提出的「同名同義詞」與「同名異義詞」的區分，主要是爲了挑戰柏拉圖理型論以及巴曼尼德斯（Parmenides）將「存有」看成是共相的看法；[6]亞里斯多德一向認爲，存有並非一個「類」（genus; *Top.* 121a16-19, b7-9）。

在《範疇篇》第一章，亞里斯多德以「人」與「畫中之人」爲例來說明同名

---

6 G. E. L. Owen, "Logic and Metaphysics in some Earlier Works of Aristotle." In *Aristotle and Plato in the Mid-Fourth Century* (Göteborg, 1960), p. 165, 179; Ch. Shield, *Aristotle* (London and New York, 2000), pp.178-179.

異義：兩者作爲動物的本質定義是不同的（*Cat.* 1a1-6），因爲「畫中之人」雖可被稱做是人或是動物，但本質上仍是畫。從亞里斯多德此處的範例選取，就顯露出「同名異義」這個概念中潛藏強烈的反柏拉圖主義之色彩。按照柏拉圖形上學的基本作法，任何僅具有些微意義關聯的同名事物，我們都可以都設立一個理型作爲它們的存在與意義的根據（*Rep.* 596a）。根據這樣的做法，柏拉圖也爲工匠製作出的眞實的椅子，以及畫家所畫出來的椅子，設立一個單一的椅子理型；因爲，即便畫出來的椅子只是外表像椅子，是「雙重遠離眞實」的仿品，但它最終仍以椅子的理型爲其存在與意義上的根據（*Rep.* 596b-597e）。因此，按照柏拉圖，無論是眞實的椅子還是畫出來的椅子，都共同分有一個單一的椅子的理型；兩者的差異，僅在於分有程度多寡的差異，但它們作爲椅子的意義仍是相同的。這個例子，突顯柏拉圖忽略了某些僅具有意義關聯的同名詞彙中隱藏的同名異義問題：畫中之椅本質上並不是椅子，因而眞實的椅子與畫中之椅實際上並未分享同一個椅子共相，它們作爲「椅子」意義並不相同。

因此，在柏拉圖以理型論爲基礎之形上學中的一個根本問題便是，它有簡化存有事物多樣性之傾向。這個問題，我們可以從柏拉圖以理型論爲基礎的陳述理論來看出。在柏拉圖看來，「蘇格拉底是人」與「蘇格拉底是白色的」，這兩個陳述基本上是同一類型的陳述關係，因爲，兩者爲眞，乃是基於同一種關係——「分有」蘇格拉底是人，乃是基於他「分有」了「人」的理型；蘇格拉底是白色的，乃是基於他「分有」了「白」的理型。「人的理型」與「白的理型」儘管在作爲理型的位階上有所不同，[7]但它們與個體蘇格拉底的關係，是一樣的：兩者都是作爲**抽象的共相**[8]被蘇格拉底所分有，而得以用來陳述蘇格拉底。柏拉圖的形上學，因而帶有一種在以範疇分化的複雜世界中尋求齊一性的強烈傾向：被個體所分有的、作爲個體世界基礎的「理型」，基本上都是同質性的事物。因此，即便柏拉圖並未如巴曼尼得斯那樣直接視「存有」爲共相，但他仍抱持某種「萬有歸一論」：既然所有理型都是同質性事物，因而它們又可以再共同分有一個最高理型，乃就是「善」（*Rep.* 509b）。

由此看來，《範疇篇》第二章（*Cat.* 1a 20-b6）針對「存有事物」進行的四類區分，首要目的便是爲了抗擊柏拉圖理型論將萬物同質化的傾向：

1. 某些事物是用以述說（said of）主體，而不是在主體之中的；例如：

---

7 柏拉圖的確認為理型在位階上有所差異，見*Rep.* 509d-511e「線段譬喻」的相關論述。

8 柏拉圖的理型，其實就是蘇格拉底的「共相」（universal）概念，只是柏拉圖把共相抽象化，成為獨立於個體的理型。

「人」是用以陳述一個主體——個別的人，而不是在任何主體之中。

2. 某些事物是在一個主體中，而不是用以述說任何主體；例如：個別的白乃是在一個主體——身體中，而不是用以述說任何主體。

3. 某些事物既是用以述說一個主體，也是在主體之中；例如：知識是在一個主體——靈魂中，但也可以述說一個主體——文法知識。

4. 某些事物既不在主體之中，也不是用以述說主體，例如：個別的人與個別的馬。

這四種基本四類型的存有物是：1.作爲種類的實體（人的種類）；2.個別的屬性（個別的白）；3.作爲種類的屬性（知識作爲文法知識的「種類」）；4.個別實體（如蘇格拉底）。種類與個體之間的關係乃是「被述說」（said of），屬性則是「在個體之中」。亞里斯多德藉此欲傳達的一個最重要訊息便是，這四類事物存有方式是不同的，因而它們「存有」或者作爲「存有物」（being）的意義也是不同的；語言陳述方式的差異，就反應出了這個差異。

《範疇篇》第四章提出的十範疇（*Cat.* 1b25-27），則是上述基本類型存有物的進一步區分。根據亞里斯多德，在我們陳述中每一個孤立的字詞都表徵某個事物（所謂「非複合性被陳述出的事物」），而這個事物可以被歸類爲十個範疇之一：

實體、數量、性質、關係、地點、時間、狀態、擁有、作用、承受。亞里斯多德或許是反省希臘文的語句結構得到這個範疇劃分。他的思路可能如下：在面對蘇格拉底這個個體時，我們可以提問「它是什麼」這個問題。回答這個問題也許有一系列的答案，例如：「他是人類」、「他七十公斤」、「他是白色的」、「他是柏拉圖的老師」、「他在市場」等等。我們可以針對這些答案進一步去問「它是什麼」這個問題，我們就會得到類似「人類是動物」、「白色是顏色」……。我們當然還可以繼續去問「什麼是動物」、「什麼是顏色」……等，在不斷對這些答案提出「它是什麼」的問題時，我們最終將會得到「它是實體」、「它是性質」等答案。但假始我們進一步再去追問「什麼是實體」或「什麼是性質」，我們卻找不到一個更高的類（genus）作爲它們所隸屬的範疇；我們雖可說實體、性質、數量等等是「存有物」或者「存有」（being），但亞里斯多德完全否認「存有」是一個「類」（*Top.* 121a16-19, b7-9）。[9]因此，各範疇乃是最基本類型的存有物；這個範疇劃

---

9 亞里斯多德對於為何「存有」並非一個「類」實際的論證，有些複雜；但他基本的想法與理由其實非常容易理解。因為，當我們在分類時，任何的「種」（species）或者「類」，都一定跟其他的「種」或「類」有所差異，如此分類才有意義；但是，有什麼事物是可以與「存有」具有差異而形成另一個「類」呢？沒有這樣的事物，因為任何事物都是「存有」。然而，我們是

分亦是亞里斯多德在《形上學》提出「存有」乃是同名異義的或者「存有是以各種方式被述說的」論點的基礎之一：「對於『存有』本身，我們是以各種意義來述說的，就如同存在各種陳述形式一樣。因爲陳述形式以多少方式被述說，它們就以多少方式表現著存有」（*Met.* 1017a 22-24）。由於各個範疇是以不同方式被陳述出來的，它們作爲「存有」的意義並不相同，它們也不分有「存有」這個共相。因此，關於「存有」，也不存在一個單一的意義，因爲「存有」的意義是按照範疇分類而劃分的。

藉由範疇理論，亞里斯多德欲表達的另一個重要的形上學思想在於，存有事物根據範疇劃分乃呈現出不對稱的依存關係：實體（*ousia*）與非實體範疇（偶性）在存有位階上是不同的；因爲任何偶性都是存在於實體之中，因此沒有實體，偶性是不能存在的。此外，實體之中亦可再區分爲個體或首要實體（*prōtē ousia*），例如：蘇格拉底，以及次要實體（*deutera ousia*），亦即個體所屬的種或者類，例

否可將「非存有」（non-being）視為是與「存有」相對立，因而「存有」與「非存有」構成了兩個基本分類呢？亞里斯多德絕無法容許這類的詭辯，因為「非存有」顧名思義就什麼都不是，絕無可能形成一個與「存有」相對立的另一個「類」。

如：人或者動物。[10]由於次要實體乃是被用以述說首要實體，因此它們亦依存於後者。這兩種不對稱的依存關係，亞里斯多德顯然是反省我們語言陳述基本結構得到的。其他所有事物或者是針對作爲主體的首要實體述說的，或者是存在於作爲主體的首要實體之中；因此，假如沒有首要實體，任何其他事物不可能存在（*Cat.* 2b3-6）。

亞里斯多德在此區別了兩種陳述：1.本質性陳述：例如「蘇格拉底是人」（「人」用來述說「蘇格拉底」）；2.偶然性陳述：例如「蘇格拉底是白色的」（「白」在「蘇格拉底」之中）。上述在柏拉圖哲學中被看成是同一類型的陳述關係——「蘇格拉底是人」與「蘇格拉底是白色的」，在亞里斯多德範疇理論中就被嚴格區分開來。此外，由於種類才眞正回答了個體「是什麼」的問題，因此以種類來陳述個體乃是一種本質性陳述，而種類也因此被看成是「次要實體」，因爲它們在存有位階上最接近首要實體。當然，亞里斯多德也承認，非實體範疇也具有本質性陳述，例如：「白色是顏色」，顏色表達了白色的種類。不過，無論如何，所有其他非首要實體事物，都必須依存首要實體——個體才能存在，因爲它們或者用以

---

10 關於「首要實體」與「次要實體」的區分，見 *Cat.* 2a11-18, 2b7-21, 2b29-3a6。

述說個體，或者（直接或間接）存在於個體之中。由於個體（例如：蘇格拉底）並不用於述說另一主體，也不在另一主體之中，個體並不依存任何其他事物，而是可以獨立自存。因此，在《範疇篇》中，個體被認爲在存有上是最根本的；這又再次表達了反對柏拉圖以共相或理型爲根本存有的立場。

在《解釋篇》第一至四章中，亞里斯多德提出了一套實在論式的意義（表徵）理論。他指出，「在聲音中表達出的事物，乃是靈魂感受的表徵，而書寫出的符號，則表徵了在聲音中表達的事物。如同每個人寫出的符號是不同的，每個人表達出的聲音也是不同的；然而，這些符號所表徵的事物——靈魂的感受——卻是對每個人都相同的，而這些感受所相似的東西——現實事物——也是相同的」（*De Interpretatione* 16a3-8）。因此，根據這樣的說法，「馬」可以藉由表徵靈魂中馬的思想／表象，而表徵現實的馬。值得注意的是，亞里斯多德認爲，我們可以藉由語言文字來溝通，乃是基於語言文字所表徵的都是共相：即便每個民族使用的語言與文字都是不同的，但它們所表徵的靈魂感受以及現實事物，都是相同的；人類的共同經驗與對這些經驗的共同感受（思想表象）乃是人類能夠溝通的基礎。

要理解一個字詞「*F*」的意義，我們必須找出與這個字詞相對應的定義（*logos, horismos*）。不過，固然亞里斯多德所理解的定義多半是本質定義，但討論字詞意義時，他似乎也容許跟本質定義有所區別的字詞定義，因爲有些字詞有意義，但完全不對應到眞實的本質或共相。例如：「山羊牡鹿」一詞雖表徵了某種既是山羊又是牡鹿的動物，但它根本不表徵一個眞實的共相，因爲現實上根本不存在山羊牡鹿這樣的物種；因此，「山羊牡鹿」可以是有意義的（*De Interpretatione* 16a 16-17），但它並沒有本質定義。

關於亞里斯多德範疇理論在哲學史上的意義，它可說是西方第一套的存有論；「範疇」乃是對於存有物的基本劃分。歷史上另一位相當強調「範疇」一詞的哲學家是康德。不過，康德所言之範疇，乃是「知性範疇」（Kategorien des Verstandes; categories of understanding），屬於認知主體的心理結構。康德以邏輯爲線索來推演範疇的方式，或許與亞里斯多德有些相近之處，但兩者意謂的範疇絕不可混爲一談，因爲一方指的是存有物的基本分類，另一則是認知結構。

作爲一套形上學理論，《範疇篇》在哲學史發展上另一個重要意義與影響在於，它開啟了一套以「個體」或者「對象」爲基礎的存有論。亞里斯多德雖然在晚期的《形上學》實體論中提出了「形式」或者「本質」才是實體的看法，不過，個體作爲根本存有的立場仍未被放棄，因爲此時的實體理論仍然是以個體爲分析出發點。這樣一種以個體爲基礎的存有論，就影響了西方兩千多年的形上學發展；在笛卡兒與洛克的「物質實體」（material substance）概念中，仍可以看到亞里斯多德個體存有論的身影。當然，阿拉伯思想家在將希臘的科學、數學與邏輯思想遺產重新傳入近代歐洲的過程中，對這個發展也有不小的貢獻。波斯（阿拉伯）哲學家伊本西那（Avicenna；阿拉伯名爲Ibn Sina，約活躍於西元十世紀）在繼受亞里斯多德邏輯時，也一併賦予了「主體」或者「載體」（*hypokemenon / subiectum*）絕對的優先性：被視爲對象的「載體」，乃是邏輯陳述的起點與終點。[11] 這個發展，也助長了在近代邏輯中「主述對立」的兩極化傾向；對象（主詞）與陳述之間保持一個清晰的關係，乃是邏輯分析的起點。直至當代的形式邏輯，依舊保持著如此「主述對立」的色彩：以x, y, z等量詞來標示的對象，構成了邏輯運作的基礎。在這個意義上，當代的形式邏輯依舊是處在亞里斯多德哲學的傳統中。

然而，以範疇劃分爲基礎的形上學存有論傳統，自二十世紀起卻遭到了強烈質疑。海德格（M. Heidegger）面對西方哲學問題所指謫的「存有之遺忘」便是特別針對範疇劃分理論。他認爲，「存有之遺忘」便來自於西方形上學長期固守於以僵化壁壘分明的諸範疇來理解存有；如此，「存有」（Sein）也就逐步轉化爲「存有物」（Seiendes），而僵化爲對象性的事物。因此，海德格便致力於撤銷那種在西方形上學發展初期便開啟的存有之窄化，並嘗試重新以一種動態的發生存有學來理

---

11 I. W. Rath, "Nachwort" zu Aristoteles, *Kategorien* (Stuttgart, 1998), S. 110-111.

解「存有」，這也就是爲何他的巨著書名爲《存有與時間》（*Sein und Zeit*）。

今日對於亞里斯多德範疇理論的評價，也因此可分爲英美分析哲學，和海德格及與其關係密切的現象學，這兩大陣營。分析哲學由於極度看重形式邏輯，因而也致力於繼續發展由亞里斯多德所開啟，並不斷被重新理解與把握的範疇研究計畫。另一方面，海德格與現象學陣營，則嘗試釐清形成邏輯以及範疇劃分背後的因素與基礎。就這個意義上，亞里斯多德的範疇理論，無論對於理解英美分析哲學與歐陸哲學的核心思想都是極爲關鍵。因爲，無論它們在面對亞里斯多德哲學的態度如何，這兩者都還是受到範疇理論強烈的影響，即便範疇理論在這過程中已遭遇許多修正與發展。

目錄

範疇篇

內容提要[1]

1. **同名異義的東西、同名同義的東西；由引申得名的東西。**

2. (1) 簡單用語和複合用語。

   (2) (a)可以用來述說一個主體的東西，(b)存在於一個主體之中的東西，(c)既可以用來述說一個主體，並且又存在於一個主體之中的東西，(d)既不可以用來述說一個主體，又不存在於一個主體之中的東西。

3. (1) 可以用來述說受詞的東西也可以用來述說主體。

   (2) 一個種之內的諸屬的屬差和另一個種之內的諸屬的屬差不同，除非一個種是包含在另一個種之內。

4. **思想對象的八種範疇。**

5. **實體。**

   (1) 第一性實體和第二性實體。

---

1 該提要為英譯者所加。

(2)存在於本質屬性和偶然屬性與它們的主體之間的關係的差別。
(3)一切不是第一性實體的東西，或者是第一性實體的一個本質屬性，又或者是第一性實體的一個偶然屬性。
(4)在第二性實體中，屬比種更加真正地是實體。
(5)一切不是種的屬都是同等程度的實體，所有的第一性實體都是同等程度的實體。
(6)除屬和種之外，沒有什麼別的東西是第二性實體。
(7)第一性實體對第二性實體以及所有其他受詞的關係，和第二性實體對所有其他受詞的關係一樣。
(8)實體絕不是一種偶然屬性。
(9)屬的屬差不是偶然屬性。
(10)屬、種和屬差，作為受詞，對於它們的主體是「一義的」。
(11)第一性實體是個體；第二性實體是個體的性質的規定。
(12)實體絕不具有一個相反者。
(13)實體沒有程度的差別。
(14)實體的特別標誌是：它可以用相反的性質來加以述說。
(15)相反的性質不能用來述說任何實體以外的東西，甚至不能用來述說命題和判斷。

6. **數量**。

(1)分離的和連續的數量。

(2)各種數量，即數目、口語、線、面、立體、時間、地點等等之劃分為這兩類。

(3)有些數量的各部分之間有一種相對的地位，有些數量的各部分之間則沒有。各種數量劃分為這兩類。

(4)數量方面的詞之用於不是數量的東西上面，是由於這些東西和上述各種數量之一有關係。

(5)數量沒有相反者。

(6)像「大」和「小」這樣的詞，乃是相對的，而不是數量方面的，並且不能是彼此相反的。

(7)最有理由認為包含著一個相反者的是「地點」。

(8)數量不能夠有程度的不同。

(9)數量的特別標誌是可以用相等或不相等來加以述說。

7. **關係。**

(1)相對者的第一種定義。

(2)有些相對者有相反者。

(3)有些相對者有不同的程度。

(4)一個相對的詞總有它的相關者，並且雙方是互相依賴的。

(5)相關者只有當相對者獲得它適當的名稱時才清楚地顯出來；在有些場合，為了這個目的就必須創造新詞。

(6)大部分相對者是同時產生出來的；但是知識的對象和知覺的對象乃是先於知識和知覺而存在的。

(7)沒有一個第一性實體或一個第一性實體的部分是相對的。

(8)相對者的修正定義，把第二性實體除外。

(9)除非我們知道和一個東西相對的那個東西，否則不可能知道這個東西是相對的。

8. **性質**。

(1)性質的定義。

(2)性質的各種不同種類：

(a)習慣和狀態；

(b)能力；

(c)影響的性質；〔影響的性質和影響之間的區別。〕

(d)性狀等等。〔疏、密等等不是性質。〕

(3)形容詞一般是由相應性質的名稱引申轉成的。

(4)大多數性質都有相反者。

(5) 如果兩個相反者之一是一個性質，另一個相反者就也是一個性質。

(6) 在大多數場合，一個性質能有不同的程度，而大多數性質也能以不同的程度為主體所具有。形狀的性質是這條規律的一個例外。

(7) 性質的特殊標誌是：事物就性質而言可以用相同或不相同來加以述說。

(8) 習慣和狀態作為種乃是相對的；作為個體則是性質方面。

9. 略述活動、遭受和其他的範疇。

10. 四類「對立者」。

(1) 相關者。

(2) 相反者。〔有些相反者有居間的東西，有些沒有。〕

(3) 實有者和缺乏者。

表達具有和喪失的詞不是實有者和缺乏者，雖然前兩者彼此之間，以及後兩者彼此之間，是在同樣的意義上互相對立的。

同樣地，形成一個肯定命題和一個否定命題的基礎的兩個事實之互相對立，其意義是像肯定命題和否定命題本身之互相對立一樣。

實有者和缺乏者之互相對立，其意義不同於相關者之互相對立。

實有者和缺乏者之互相對立，其意義不是像相反者之彼此互相對立那樣。因為：

(a)它們既不屬於沒有居間者的一類，又不屬於居間者的一類。

(b)不能有從一個狀況（缺乏或喪失）到它的對立者的轉變。

(4)肯定命題和否定命題。這兩者和別種相反者不同，是由於肯定命題和否定命題兩者中總有一方是錯誤的而他方是正確的。〔互相對立的兩個肯定命題好像也有這個標誌，但它們並不如此。〕

11.**繼續討論相反者。**

惡一般來說是善的相反者，但有時兩種惡是相反者。

當一個相反者存在時，另一個不必存在。

相反的屬性適用於同一個屬或種以內。

相反者必須本身是在同一個種以內，或在對立的種以內，或者本身就是種。

12.**「先於」一詞用於：**

(1)時間上在先的東西。

(2)為他誤所依賴而自己卻不依賴於他物的東西。

(3)排列上占先的東西。

(4)更好的或更可尊敬的東西。

(5)兩個互相依賴的東西裡面那個為他方的原因的一方。

13.**「同時的」一詞用於：**

(1)同一個時候產生的東西。

(2)兩個互相依賴但任何一方都不是他方的原因的東西。

(3)同一個種以內的各個不同的屬。

14. **運動有六種。**

改變與其他各種運動不同。

運動的相反者的定義，以及各種不同的運動的相反者的定義。

15. **「有」一詞的各種意義。**

1a 1. 當若干事物雖然有一個共通的名稱，但與這個名稱相應的定義卻各不相同時，則這些事物乃是同名而異義的東西。例如：一個眞的人和一個圖畫裡面的人像，都可以稱爲「動物」[2]，但此兩者乃是同名而異義，因爲兩者雖有一個共通的名稱，但與這個名稱相應的定義，卻各不相同。因爲，如果有人要規定在什麼意義之下這兩者各是一個動物，則他所給予於其中一者的定義就將只適合該一者。

反之，當若干事物有一個共通的名稱，而相應於此名稱的定義也相同的時候，則這些事物乃是同名同義的東西。例如：一個人和一隻牛都是「動物」，它們是被同名同義地加以定名的，因爲兩者不僅名稱相同，而且與這個名稱相應的定義也都相同：如果有人要說出在什麼意義之下這兩者各是一個動物，則他所給予其中一者的定義，必完全同於他所給予另一者的定義。

如果事物的名稱是從另外一個名稱引申出來的，但是引申出來的名稱和原來的名稱有不同的語尾，則這些事物乃是由引申得名的東西。例如：「語法家」這個名稱乃是從「語法」這個詞引申出來的，「勇士」則是從「勇敢」這個詞引申出來的。

---

2 「動物」在希臘原文為Ζῶον，這個字在希臘文中有兩種意義，即普通的動物，和圖畫、刺繡或雕刻中的人像。

2.語言的形式是簡單的，或者是複合的。後者的例子如像「人奔跑」、「人獲勝」；前者的例子則像「人」、「牛」、「奔跑」、「獲勝」。

事物本身，有些可以用來述說一個主體，但絕不存在於一個主體裡面。例如：「人」可以用來述說一個個別的人，但絕不存在於一個主體裡面。（所謂「存在於一個主體裡面」，我的意思不是指像部分存在於整體中那樣的存在，而是指離開了所說的主體，便不能存在。）

有一些東西則是存在於一個主體裡面，但絕不可以用來述說一個主體。例如：某一點兒語法知識是存在於心靈裡面的，但卻不可以用來述說任何一個主體；再者，一種特殊的白色可以存在於一個物體裡面（因爲顏色需要一個物質基礎）但絕不可以用來述說任何東西。

另外有些東西既可以用來述說一個主體，並且又存在於一個主體裡面。例如：知識存在於人的心靈裡面，又可以用來述說語法。

最後，有一類的東西既不存在於一個主體裡面，又不可以用來述說一個主體，例如：一個個別的人和一匹個別的馬。因爲任何像這樣的東西都是既不存在於一個主體裡面，又不被用來述說主體的。[3]更一般來說，凡是個別的和具有單一性的東西，就絕不可以用來述說一個主體。但在某些場合，也沒有什麼足以妨礙此類東西存在於一個主體裡面。例如：某一點語法知識，就是存在於一個主體裡面的。[4]

3. 當一件東西被用來述說另外一件東西的時候，則凡可以用來述說受詞的也可以用來述說主體。例如：「人」被用來述說個別的人；但「動物」又被用來述說「人」；因此，「動物」也可以用來述說個別的人：因爲個別的人既是「人」又是「動物」。

不同的種如果是平行而沒有隸屬關係的，則它們的屬差本身在種類上也不相同。[5]試以「動物」這個種和「知識」這個種爲例。「有足的」、「兩足的」、「有翼的」和「水棲的」等等乃是「動物」的屬差；知識這個種中所包含的各個屬之間則不是以這些屬差來互相區分的。這一屬的知識與另一屬的知識之有差別，並不在於它是「兩足的」。

---

3 根據 Loeb Classical Library 的《工具論》卷一希臘文本第十四頁補入此句。——中譯者。

4 Bekker 的希臘文本此最後一句作：「因為某一點兒關於語法的知識就是存在於一個主體裡面的，雖則語法知識不可以用來述說任何一個主體。」——中譯者。

5 即這個種中所包含的屬差，和那個種中所包含的屬差，在種類上也不相同。——中譯者。

但如果某個種是隸屬於另外一個種的，就沒有什麼足以妨礙這兩個種有相同的屬差：因爲外延較大的種可以被用來述說那外延較小的種，因此述語（即前一個種）的一切屬差，也將是主體（即後一個種）的屬差。

4. 每一個不是複合的用語，或者表示實體，或者表示數量、性質、關係、地點、時間、姿態、狀況、活動、遭受。讓我大略說一說我的意思：指實體的如「人」或「馬」，指數量的如「二丘比特[6]長」或「三丘比特長」；指性質的例如
2a 「白的」、「通曉語法的」等屬性；「二倍」、「一半」、「較大」等等則屬於關係的範疇；「在市場裡」、「在呂西恩」等等，屬於地點的範疇；「昨天」、「去年」等等屬於時間的範疇；「躺臥著」、「坐著」等等則是指是姿態的語詞；「著鞋的」、「武裝的」等等，屬於狀況（具有）；「作手術」、「針灸」等等，是動作；「受手術」、「受針灸」等等，屬於遭受的範疇。

任何一個這樣的語詞，其本身並不包含著一種肯定（或否定）；只有藉這類語詞的結合，才產生肯定或否定。因爲，如所公認，每一個肯定或否定必須是正確的，或者是錯誤的，但無論如何不是複合的用語，例如：「人」、「白的」、「奔

---

6 長度名，每丘比特約合十八英寸。

跑」、「獲勝」等等，既不能是正確的，也不能是錯誤的。

5. 實體，就其最眞正的、第一性的、最確切的意義而言，乃是那既不可以用來述說一個主體又不存在於一個主體裡面的東西，例如：某一個個別的人或某匹馬。但是在第二性的意義之下作爲屬而包含著第一性實體的那些東西也被稱爲實體；還有那些作爲種而包含著屬的東西也被稱爲實體。例如：個別的人是被包含在「人」這個屬裡面的，而「動物」又是這個屬所隸屬的種；因此這些東西——就是說「人」這個屬和「動物」這個種——就被稱爲第二性實體。

由上所說可以很清楚地看出：受詞的名稱及定義兩者必須都可以用來述說其主體。例如：「人」被用來述說一個個別的人。在這種情形之下，「人」這個屬名被應用於個別的人，因爲我們用「人」這個詞來描述一個個別的人；而「人」的定義也將可以被用來述說某一個個別的人，因爲某一個個別的人既是人又是動物。這樣，屬名及其定義，都可以用來述說個別的人。

另一方面，那些存在於一個主體裡面的東西，大多數都不能用其名稱和定義來述說它們存在於其中的那個主體。不過，雖然定義絕對不可以用來述說主體，名稱在某些場合之下被用來述說它卻並無不可。例如：「白」是存在於一個物體裡面的，也被用來述說它所存在於其中的物體，因爲一個物體被稱爲是白的：但是

「白」這個顏色的定義，卻絕不可以用來述說此物體。[7]

除第一性實體之外，任何東西或者是可以用來述說一個第一性實體，或者是存在於一個第一性實體裡面。關於這一點，只要看看一些個別例子就會很清楚。「動物」被用來述說「人」這個屬，因只就被用來述說個別的人，因爲如果沒有任何可
2b 以用它來述說的個別的人存在，那它根本就不能被用來述說「人」這個屬了。再者，顏色存在於物體裡面，因此是存在於別的物體裡面的，因爲如果沒有任何它得以存在於其中的個別的物體存在，那它根本就不能存在於物體裡面。可見除第一性實體以外，任何其他的東西或者是被用來述說第一性實體，或者是存在於第一性實體裡面，因而如果沒有第一性實體存在，就不可能有其他的東西存在。

在第二性實體裡面，屬比種更眞正地是實體，因爲屬與第一性實體更爲接近。因爲在說明一個第一性實體是什麼的時候，說出它的屬比說出它的種，就會是更有益、更中肯。例如：描述一個個別的人時，說他是「人」比說他是「動物」，

7 白的定義是「一種顏色」；我們能說一個物體是白的，但不能因此說一個物體是「一種顏色」。亞里斯多德所說的「定義」，用他自己的話來說是那表述出來的本質；他所說的定義相當於我們現在邏輯書上所說的「定義者」。即僅是指「白是一種顏色」這個命題中「一種顏色」這一部分。——中譯者。

就會是說得更有益、更中肯，因爲前一種說法在更大的程度上指出個別的人的特性，而後一種則過於一般化。再者，談一棵樹是什麼時，提出「樹」這個屬，比提出「植物」這個種，就會是說得更爲清楚更爲得當。

再者，第一性實體之所以是最得當地被稱爲實體，乃由於這個事實，即它們乃是其他一切東西的基礎，而其他一切東西或者是被用來述說它們，或者是存在於它們裡面。而存在於第一性實體與其他一切東西之間的關係，也同樣存在於屬與種之間：因爲屬對於種的關係正是主體對於受詞的關係。因爲種被用來述說屬，反之屬卻不能用來述說種。這樣，我們就有了斷定屬比種更眞正地是實體的另外一個根據。

在屬與屬之間，除了那些本身就是種的屬之外，沒有一個屬比另外一個更眞正地是實體。在談到一個個別的人時說出他所屬的屬（即人），比起在談到一匹馬時說出牠所屬的屬（即馬），不會就是對於別的人給出了一個更得當的說明。同樣，在各種第一性實體之間，也沒有一個比另外一個更眞正地是實體；一個人並不比一隻牛更眞正地是實體。

這樣，我們就很有理由，當第一性實體被排除之後，把「第二性實體」之稱單只給予屬和種，因爲在所有的受詞之中，只有屬和種才能說明第一性實體是什麼。因爲正是由於說出屬或種，我們才是得當地說明了一個個別的人是什麼；並且，如果提出他的屬而非提出他的種，我們就會使我們地說明更確切。我們所說的其他一切，例如：他是白的、他奔跑等等，對於說明他都是不相干的。可見除了第一性實體之外，就只有這些（即屬和種）才應該被稱爲實體。

再者，第一性實體之所以最正當地被稱爲第一性實體，是因爲它們乃是所有其他東西的基礎和主體。而存在於第一性實體和其他一切東西之間的關係，也同樣存在於第一性實體所隸屬的屬和種與不包括在種和屬裡面的一切其他屬性之間。因爲種和屬乃是這些屬性的主體。如果我們稱某一個人爲「通曉語法的」，則這個受詞也就適用於這個人所屬的屬和種。這條規律適用於其他一切場合。

實體絕對不存在於一個主體裡面，這一點乃是一切實體都具有的一個共同特性。因爲第一性實體既不存在於一個主體裡面，又不被用來述說一個主體；而關於第二性實體，從下面的論據（姑且不談別的論據）就可以清楚地看出它們不存在於任何一個主體裡面。因爲「人」被用來述說個別的人，但是並不存在於任何一個主體裡面：因爲人並不存在於個別的人裡面。同樣，「動物」也被用來述說個別的人，但並不存在於他裡面。再者，當一樣東西存在於一個主體裡面時，雖然這東西的名稱可以適用於它所存在於其中的主體，它的定義卻不能適用於此主體。但關於第二性實體，則不單其名稱而且其定義都可適用於主體：我們會用屬的定義和種的定義來說明一個個別的人。因此，實體不能存在於一個主體裡面。

但這個特性不是實體所特有的，因爲屬差也同樣不能存在於主體裡面。「有足的」和「兩足的」這兩個特性被用來述說「人」，但它們並不存在於人裡面。因爲它們並不是在人裡面。再者，屬差的定義可以用來述說屬差本身被用來述說的那個東西，例如：如果「有足的」這個特性被用來述說「人」這個屬，則這個特性的定義也可以用來作爲「人」這個屬的受詞；因爲「人」乃是有足的。

實體的部分看起來好像是存在於作爲它們主體的整體裡面，這個事實不應該使我們猶豫，以爲這些部分恐怕應該被當作不是實體；因爲，在解釋「存在於一個主體裡面」這句話的意思時，我們[8]說它的意思是「並非像部分存在於整體裡面那樣的存在」。

在所有以實體和屬差爲受詞的命題裡面，實體和屬差乃是同名同義地用來述說主體的，這一點乃是實體和屬差的標誌。因爲，所有這種命題都是或者以個體或者以屬爲主詞的。就第一性實體不能用來述說任何東西這一點而言，第一性實體確實不能成爲任何命題的受詞。但在第二性實體那裡，屬可以用來述說個體，種可以用來述說屬和個體。同樣，屬差被用來述說屬和個體。再者，屬的定義和種的定義

8 參閱 $1^{a}24$。

可以適用於第一性實體，種的定義可以適用於屬。因爲所有被用來述說受詞的，也可以被用來述說主詞。同樣，屬差的定義也可以適用於屬和個體。但上面已經說過[9]，「同名同義的」一詞，是用在那些有一個共同的名稱和定義的東西上的。因此，應該認爲在所有以實體或者以屬差爲受詞的命題裡，實體和屬差是「同名同義地」用來述說主詞的。

所有的實體看起來都表示「某一個東西」（Τόδε τι）。在第一性實體裡，無可爭辯地這乃是眞的，因爲所表示的那個東西是一個單一性的東西。在第二性實體那裡，例如：當我們說及「人」或「動物」時，我們的語言的方式也給人一個印象，使人認爲我們此地也是指「某一個東西」，但嚴格地說這並非是眞的；因爲，一個第二性實體並不是一個個體，而是具有某一性質的一類東西；因爲一個第二性實體並不像一個第一性實體一樣是單一的、個別的；「人」和「動物」都可以用來述說一個以上的主體。

但是屬和種也不是像「白色」那樣單單表示性質；「白色」除性質外不再表示什麼，但屬和種則是就一個實體來規定其性質：屬和種表示那具有如此性質的實

9 參閱 1^a6。

體。這種一定性質的賦予，在種那裡比在屬那裡包括了更大的範圍：那個說「動物」的人，比起那個說「人」的人，是用著一個外延較廣的詞。

實體的另一個標誌是它沒有與它相反者。任何一個第一性實體，例如：一個人或一個動物，怎樣能夠有一個相反者呢？不能夠有。屬和種同樣也不能有一個相反者。但這個特徵不是實體所特有的，而是許多其他的東西，像數量也有的。沒有什麼東西可以成爲「二丘比特長」或「三丘比特長」或「十」或任何其他這類東西的相反者。也許有人會辯說「多」乃是「少」的相反者，「大」是「小」的相反者，但對於一定的數量，則沒有相反者的存在。

再者，實體是不能容許有程度上的不同的。我這話的意思並不是說一實體不能比另外一實體更眞正地是實體，或更不眞正地是實體，因爲前面曾經說過，[10]這種情形是有的；我的意思是說沒有一個實體能容許它本身中有程度上的不同。例如：「人」這一個實體就不能夠比另外一個時候的他自己或比另外一個人多些或少些人的實質。一個人不能比另外一個人更是人，像一個白色的東西能夠比另外一個白色的東西更白或沒有那麼白那樣，或者像一件美麗的東西能夠比另外一件美麗的

10 $2^a11—{}^b22$。

東西更美麗些或沒有那麼美麗一樣。還有，同一種性質被說是在不同的時候以不同的程度存在於一件東西裡面。我們說一件白的東西在某一個時候比它以前更白些，或者，一件熱的東西在一個時候比另外一個時候更熱些或沒有那麼熱。但實體則不能說它更是它或更不是它：一個人在某個時候並不比他以前更是一個人，其他的東西，如果是一個實體，也不能更是這東西或更不是這東西。可見實體是不能容許有程度上的變化的。

實體的最突出的標誌似乎是：在保持數量上的同一性的同時，實體卻能夠容許有相反的性質。從實體以外的東西裡面，我們卻不能夠舉出任何具有這個標誌的東西。例如：同一顏色不能既是白的又是黑的。同一個行爲也不能既是善的又是惡的：這條規律適用於不是實體的一切東西。但同一個實體，當它保持著自己的同一性的時候，卻同時能夠容許有相反的性質。同一個人有的時候白，有的時候黑，有的時候熱，有的時候冷，有的時候好，有的時候壞。這種性能在任何別的東西那裡是找不到的，雖然也許有人會認爲一句話或一個意見，是這個規律的一種例外。誰都承認，同樣的話能夠又是正確的又是錯誤的。因爲如果「他坐著」這話是正確的，那麼，當這個人站起來之後這同一句話就將是錯誤的。關於意見方面情形也一樣。因爲，如果任何人以爲某一個人是坐著而這個意見是正確的，那麼，當這個某人站起來之後，則同樣的意見如果再堅持，就是錯誤的了。不過，雖然這個例外可以被承認，但是，無論如何，這情況發生的方式卻是與實體那裡有所不同的。實體乃是由於本身變化才容許有相反的性質。正是由於本身變化，先前是熱的東西現在變成冷的，因爲這個東西已進入了一種不同的狀態。同樣，透過一種變化的過程，先前是白的東西現在變成黑的，先前是壞的現在變成好的，同樣地在所有其他的場合也都是由於變化，實體才能夠容許有相反的性質。反之，話和意見本身卻在各方面都維持不變，只是由於實際情況改變了，才使得它們具有相反的性質。「他坐
4b 著」這句話保持不變，但有時候它是正確的，有時候它是錯誤的，視當時的實際情況而定。這種情況也適用於意見方面。這樣，就其發生的方式而言，能夠容許有相反的性質乃視實體特有的標誌；因爲實體乃是由於自身變化而這樣的。

因此，如果有人承認這個例外並認爲話和意見能容許有相反的性質，這種主張就會是不對的。因爲話和意見被稱爲有這種性能，並非由於它們本身有所改變，而是由於別的東西的情況發生了這種改變。言語是正確的還是錯誤的，取決於事實如何，而不是依靠於言語本身的什麼容許相反性質的能力。簡言之，言語和意見的本性無論如何是不能更改的。所以說，既然說它們本身裡面沒有變化，就不能以爲它們能夠容許有相反的性質。

而在實體那裡，則正是由於那種在實體自身裡面所發生的改變，一個實體才被稱爲能夠容許有相反的性質；因爲一個實體在自身裡面容許健康或疾病，白或黑。

正是在這種意義上我們說實體能夠容許有相反的性質。

總而言之，實體有一個顯著的標誌，就是在保持著自身在數量上的同一性的同時，它卻能夠容許有相反的性質，而這種改變之發生乃是由於實體裡本身裡面的變化。

關於實體的問題，就說這麼多吧。

6. 數量或者是分離的，或者是連續的。再者，有些數量其整體各部分之間有著一種位置上的一定關係；有些數量其內部各部分之間卻沒有這種關係。分離的數量例子如數目和語言；連續的數量例子如線、面、立體，此外還有時間和空間。

一個數目的各部分之間，並沒有什麼使它們相連結的共同邊界。例如：兩個「五」造成了「十」，但這兩個「五」並沒有共同的邊界，而卻是分開著的；「三」這個部分和「七」這個部分，也不在什麼邊界上相互連結。一般來說，在任何一個數目那裡，不可能有什麼部分與部分間的共同邊界；各部分總是分開著的。因此數目乃是一種分離的數量。

語言的情形也一樣。顯然語言是一個數量，因爲語言是以長音節和短音節來測量的（此處我所指的是有聲語言）。再者，語言是一種分離的數量，因爲它的部分與部分之間並沒有共同的邊界。並沒有把音節與音節連結起來的共同邊界；每個音節和其他的音節總是分開著的、顯然不同的。

5a 反之，線是一個連續的數量，因爲能夠找到把它的部分與部分相連起來的共同邊界。在線方面，這種共同邊界是點；在面方面，共同邊界是線：因爲面的部分與部分之間也有一個共同的邊界。同樣地，在一個立體那裡，你也能找到部分與部分之間的共同邊界，這邊界或者是一條線，或者是一個面。

空間和時間也屬於這一類的數量。在時間方面，過去、現在和未來形成了一個連續的整體。空間也是一個連續的數量：因爲一個立體的各部分占有某一個空間，而這些部分彼此之間有共同的邊界；因此，那被立體的這些部分占據的空間的各部分，也有立體各部分之間所有的同樣的共同邊界。這樣，不單時間是一種連續的數量，而且空間也是。因爲空間的部分與部分之間有著一種共同的邊界。

數量或者由彼此有位置上的一定關係的部分所構成，或者由彼此沒有位置上的一定關係的部分所構成。線的各部分彼此之間有位置上的一定關係，因爲每各部分都位於一定的地方，並可以把每一部分加以分別，說出每各部分在「面」上所處的位置，並說明每各部分與其他部分中的哪一各部分相連結。同樣地，面的各部分也都有一定的位置，因爲同樣地能夠指出每一部分的位置，以及哪些部分是相互連結著的。關於立體和空間，這話也是正確的。但卻不可能指出一個數目的各部分彼此之間有位置上的一定關係，其實，甚至不能指出它有位置，或者指出哪些部分是連結的。在時間方面，也不能這樣做，因爲時間的任何一部分，都沒有持久的存在，而不能停住的東西是很難有一個位置的。如果說像這樣的各部分之間由於一各部分先於另一各部分，因而有一種次序上的關係，就更對些。關於數目也有類似的情況：在數數目時，「一」先於「二」，「二」先於「三」，這樣，數目的各部分可以說具有次序上的關係，雖然不能夠替每一各部分找出任何清楚的位置。這也適用於語言方面。語言的任何一部分都是不停留下來的，當一個音節被發出之後，就不能把它捉住不放，所以，既然各部分都沒有停下來，它們自然不能有位置。由此可見，有些數量是由有位置的部分所構成的，有些數量則是由不具有位置的部分所構成的。

嚴格地說，只有剛才我提到的那些東西才屬於數量的範疇：任何其他被稱爲數量的東西，只是在第二性的意義之下才是一個數量。只是因爲我們腦子裡面想這些正當地被稱爲數量的東西之一時，我們才把數量的語詞應用在其他的東西上面。我們說那白色的東西是大的，因爲白色所彌漫的那個表面是大的；我們說一種活動或一個過程很長，因爲活動或過程所經的時間長；像白色、活動、過程這些東西，本身並沒有權利要求取得數量方面的形容詞。例如：如果有人要說明一種活動是多長，他所說的將是藉活動所經的時間作單位來表達的，他會說它經歷一年，或諸如此類的話。同樣地，他要說明那個白色的東西的大小時，一定會以其表面的大小來表達，因爲他一定會說出白色所遮蓋的面積的大小。由此可見，剛才所提及的那些東西，而且也只有剛才所提及的那些東西，才是按其內在本性而被稱爲數量的；沒有別的東西能夠藉本身就有權利要求取得這個名稱；如果它被稱爲數量的話，那只不過是在第二性的意義下才如此。

數量沒有相反者。對於確定的數量，這是很顯然的；例如：就沒有什麼是「二丘比特長」或「三丘比特長」的相反者，也沒有什麼是一個表面或任何這類數量的相反者。有人也許可以爭辯著說：「多」與「少」相反，「大」與「小」相反。但這些東西不是數量方面的，而是關係方面的〔即相對者〕；事物就本身而言並非絕對是大的或小的，它們之被稱爲大的或小的，應當說是由於一種比較的結果。例如：一座山被稱爲小山，一粒穀被稱爲大粒穀，乃是由於這個事實：這粒穀比其他穀粒大，那座山比其他的山小。由此可見，此處乃是有一個外在的標準的，因爲要是「大」、「小」是在絕對的意義之下被使用，那麼一座山就永遠不會被稱爲小山，一粒穀不會被稱爲大粒穀了。再者，我們說一個鄉村裡的人口眾多，雅典則人口稀少，雖然雅典的人口比這個鄉村多了許多倍：或者我們說一棟房子裡面人多得很，一間戲院裡面人少得很，雖則戲院裡的人數大大地超過房子裡的人數。「二丘比特長」、「三丘比特長」等等，表示數量；「大」、「小」等等，表示關係，因爲它們與一個外在的標準有關。因此，很顯然後面這些東西，即「大」和

「小」，必須歸於關係的那一類。

再者，不論我們把它們或不把它們規定爲數量方面的，它們都沒有相反者；因爲對一個不是就本身或藉本身而被理解，但卻只有藉與外物的關聯才能被理解的屬性，怎能夠有一個相反者呢？再者，如果「大」和「小」是彼此的相反者，那麼就會發生這樣的情形，即同一主體能夠同一時候容納相反的性質，而事物本身將會是本身的相反者。因爲，有的時候同一個東西能夠既是大的又是小的。因爲同一個東西與某物比較可以是小的，與另一物比較則是大的，從而同一個東西能夠在同一個時候既大又小，致使它具有了這樣的性質，即能夠在同一時刻容納相反的性質。但是，當討論實體的時候，大家都同意：沒有任何東西能夠在同一時刻容納相反的性質。因爲，雖然實體能夠容受相反的性質，但沒有一個實體在同一時候既是生病的又是健康的，沒有什麼東西在同一時刻既是白的又是黑的。也沒有任何東西同時具備相反的性質。

再者，如果這些東西是相反者，那麼它們自己就會與自己相反。因爲如果「大」是「小」的相反者，而同一個東西在同一個時候可以既是大又是小，則「小」或「大」就是它本身的相反者。但這是不可能的。所以「大」這個字不是「小」這個字的相反者，「多」也不是「少」的相反者。而即使有人要把這些語詞說成不是關係方面的而是數量方面的，它們也不會有相反者。

倒是在空間方面，最顯出數量好像能夠容許一個相反者。因爲人們把「上」規定爲「下」的相反者，而他們所謂「下」乃是指在中心的地方；因爲再沒有比中心的地方離世界諸極端更遠的了。眞的，看來人們在界說每類相反者時，常常求助於一種空間的比喻，因爲他們稱那些在同一類中最大限度的可能距離所隔開的東西爲彼此的相反者。

數量好像不容許有程度的不同。一個東西不能夠比另一個東西在更大的程度上是二丘比特長。關於數目也是一樣：「三」之爲三並不超過「五」之爲五；三個東西比另外三個東西並不更是三個東西。還有，一段時間不能說比另一段時間更眞是時間。同樣地，在所有剛才提過的那些數量中間，沒有另外一種數量能夠容許被稱爲有程度上的不同。所以，數量的範疇是不容許有程度的不同的。

數量的最突出的標誌，是它可以被稱爲相等的或不等的。上面所說的數量中的每一個，都可以稱爲相等的或不相等的。例如：一個立體被稱爲等於或不等於另一個立體；數目和時間也能夠容許這些字眼用在它們身上，事實上所有被提到的各種數量都能夠這樣。

不是數量的東西，看起來就絕對不能稱爲等於或不等於別的任何東西。某一種狀態或某一種性質，例如：白色，就絕不能拿來與另一種狀態或另一種性質比較其相等或不相等，而只能比較其類似與否。由此可見，能夠被稱爲相等或不相等，乃是數量的最突出的標誌。

7. 有些東西由於它們是別的東西「**的**」[11]，或者以任何方式與別的東西**有關**，因此不能離開這別的東西而加以說明，我們就稱之爲相對的東西。例如：「更高」一詞乃是藉與別一個東西比較而說明的，因爲它所指的乃是**比某一其他東西**更高。同樣地，「二倍」一詞，也有一個外在的東西作比較，因爲它的意思是指**某一其他東西的**二倍。這一類的所有其他的東西也都如此。此外，還有些別的相對的東西，例如：習慣、狀態、知覺、知識和姿態。所有這些東西的意義，是藉與別的東西的關聯才能說明，要不然就無從說明。例如：一種習慣乃是**某件事的**習慣，知識乃是**某件事物的**知識，姿態乃是**某件事物的**姿態。所有曾提過其他的相對的東西的情形都如此。所以那些藉著與某一他物的關聯而說明其性質的語詞，就都稱爲相對的，其間的關係，以包含有「的」這個介詞或別的介詞來表示。這樣，一座山**與另一座**

---

11 亞里斯多德在這裡把兩類不同的詞列為「相對者」：一類是那些被稱為別的東西的（ἕτ'ε'ρωνεῖναι）（例如：別的東西**的**二倍）；另一類是那些以任何方式**與**別的東西**有關**的（πρός ἕτερου）。前者指所有那些有一個第二格名詞跟在後面的詞。希臘文名詞第二格的作用是不能單用中文「XX**的**」表示出來的，因為「**比較……更**」也是用第二格表達的。——中譯者。

山比較而被稱爲大山，因爲這座山由於**與某物比較**才能取得「大」這個屬性；再者，被稱爲類似的東西必須**與某些別的東西**類似，而所有其他這類屬性，都有這種外在的關係。必須注意：躺臥著、站立著和坐著都是特殊的姿態，但姿態本身則是一個相對的語詞。臥、站、坐等本身不是姿態，而是由剛才所說的各種姿態引申而取得名稱的。

相對的東西可以有相反者。例如：德性有一個相反者，就是惡行，這兩者都是相對的東西；知識也有一個相反者，就是無知。但不是所有相對的東西都有這個特性；「二倍」和「三倍」就沒有相反者，任何這類的語詞也都沒有相反者。

相對的東西也顯得能容許程度的不同。因爲「相似」和「不相似」、「相等」和「不相等」可以有「更多」和「更少」這種修飾詞加在它們上面[12]。而所有這些東西都是相對的語詞，因爲「相似」和「不相似」[13]都是就與一個外物比較而言的。但是，必須指出，並不是每個相對的詞都容許有程度上的不同。像「二倍」這樣的語詞，就不容許這種修飾詞。所有相對的東西都有與它相關的東西。用「奴

---

12 ὁμοι γναὶρ χὰι ἀνόμοιον μάλλον χαὶ ἧττον λέγεται…按照中文習慣我們只能說「更為相似」、「更不相似」、「更為相等」、「更不相等」、「多少相似」……等等——中譯者。

13 英譯此處為「不相等」，茲按此希臘文原本譯出。——中譯者。

隸」這個詞我們的意思是指一個主人的奴隸；用「主人」這個詞，我們的意思是指一個奴隸的主人；用「二倍」，是指那是它的一半的二倍，一半則是指那是它的二倍的一半；用「較大」，是指比那較小的爲大，用「較小」是指比那較大的爲小。

關於任何其他相對的語詞，亦都如此；但是，我們用來表達這種相關關係的詞格，在某些場合，情形並不一樣。例如：說知識時我們的意思是指關於可認識的東西**的**知識；說可認識的東西，我們的意思是指那**被**知識**所**認識的東西；說知覺，是指可知覺的東西**的**知覺；說可知覺的東西，是指那**被**知覺**所**知覺的東西。[14]

不過有時這種相關關係的交互性，卻好像並不存在。這是由於弄錯才發生的，因爲相對者所相對的東西沒有被精確地說出來。如果有人說「翼」必然是與「鳥」相對，那麼，這兩者之間的關聯就不是有交互性的，因爲不能夠說一隻鳥之所以爲一隻鳥是由於牠有翼。原因是：原來這句話是不精確的，因爲當翼被稱爲與 7a 鳥相對時，此鳥不是以鳥的資格，而是以有翼的生物的資格，才能如此；因爲除鳥之外還有許多動物是有翼的。所以，如果話說得精確，則這個關聯就會是有交互性

---

14 此段所說的「格」（即詞尾的變化），無法用中文表達出來。粗略地說，「的」字部分地代表希文的第二格的詞尾，「被」字（中文放在詞之前）部分地代表第三格詞尾。——中譯者。

的，因爲我們能夠說翼必然與有翼的生物相關，而有翼的生物之所以爲有翼的生物，乃是因爲牠的翼。

有時，也許需要鑄造新字，如果沒有現成的字足以適當地說明一種互相關聯的話。如果我們規定舵必然與船有關聯，我們的定義就不會適當，因爲舵並不是**作為船的船**就有這個關聯，有許多船是沒有舵的。這樣，我們就不能把這兩個語詞當作是有交互性的，因爲「船」這個字不能說是在「舵」這個字裡而找到說明。既然沒有現成的字，如果我們鑄造一個例如「有舵之物」這樣的名詞作爲「舵」的相關者，我們的定義也就會更精確些。如果我們這樣精確地表達了自己的意思，那麼這二個語詞就完全是交互地關聯著，因爲「有舵之物」之所以是「有舵之物」正是由於它的舵。所有其他例子也都如此。把頭規定爲與「有頭者」相關的東西，比規定它爲與動物相關，就會更精確些，因爲動物並非作爲動物就有一個頭，有許多動物是沒有頭的。

因此，當一個東西與別一個東西有關聯，而後者又沒有一個現成的名稱的時候，如果我們從前者的名稱引申出一個新的名稱來給這個與前者有相互關係的後者，我們也許就最容易理解後者——像在上面所說的例子裡面我們從「翼」引申出「有翼者」，從「舵」引申出「有舵之物」那樣。

所以，一切相對的東西，**如果正確地加以定義**，必都有一個相關者。我加上這個條件，是因爲如果相對者所相對的東西只被隨便而不精確地說出來，就會發現兩者並不互相依存。讓我把我的意思說得更清楚點，即使在眾所公認的相關者那裡，並且當兩者都有名稱的時候，如果其中之一不是用那個表示相關概念的名稱來指稱，而是用一個不相干意義的名稱來指稱，則既不會顯出兩者有互相依存的關係。「奴隸」這個詞，如果被定義爲不是一個與主人而是與一個人或兩足動物或任何諸如此類地東西有關，那麼，它和那個與它有關並藉這種關係它才獲得它的定義的東西，就不是互相關聯著的，原因是所說的話不精確。再者，如果一個東西被稱爲與別一個東西相關，而用語又正確，那麼，雖然所有不相干的屬性都被排除，而只保留那一個借以正確指稱兩者相關的屬性，則所說的互相關聯仍然會存在。如果說「奴隸」的相關者是「主人」，那麼，雖然所說的主人的所有不相干的屬性如「兩足的」、「能獲得知識的」、「有人性的」等等皆被除掉，而只有「主人」這個屬性單獨保留下來，則所說的存在於他和奴隸之間的互相關聯將仍然不變，因爲正是由於屬於一個主人所有，一個奴隸才被稱爲奴隸。反之，兩個相關的東西，其中之一如果被不正確地指稱，那麼，當一切其他的屬性都被排除，而只有那使此一者被稱爲其他一者的相關者的屬性單獨保留下來的時候，則所說的那個互相關聯就會消失。

因爲，假定說「奴隸」的相關者是「人」，或者說「翼」的相關者是「鳥」那麼，如果把「主人」的屬性從「人」排除，則「主人」和「奴隸」之間的互相關聯就會不再存在，因爲如果此人不是一個主人，這個奴隸也就不是一個奴隸。同樣地，如果把「有翼的」這個屬性從「鳥」除掉，則「翼」就不再是「鳥」的相對者，因爲要是那個所謂相關的東西不是有翼的，則「翼」當然就沒有相關者。

由此可見，互相關聯的詞必須被正確地指明；如果有現成的名稱，話就容易說；如果沒有現成名稱，無疑地我們有責任造新的名稱。這樣，如果用語正確，則顯然所有的相關者都是互相依存的。

相關的東西被認爲是同時獲得存在的。在最大多數的場合這是眞的，例如：在二倍和一半那裡就是這樣。一半的存在，必然使得二倍於它的那個東西也存在。同樣，主人的存在必然致使奴隸也存在，奴隸的存在也蘊涵著主人的存在；這些不過是一個通則的一些特例。再者，它們彼此相抵消；因爲，如果沒有二倍，就沒有一半，反之亦然；這個規則同樣適用於所有這種相關的東西。但是，似乎並非眞是在所有的場合相關的東西都是同時獲得存在的。知識的對象看來是先於知識本身而存在的，因爲通常我們總是獲得那些已經存在著的東西的知識；要找出一門知識其開始存在乃是與它的對象的開始存在同時的，這件事如果不是絕不可能，也是很困難的。

再者，雖然知識的對象一朝不再存在就會同時取消了，作爲它的相關者的知識，反過來卻不然。如果知識的對象不存在，就沒有知識；這是眞的，因爲將會沒有什麼東西可以被認識。同樣這也是眞的：如果對某物的知識不存在，此某物卻很可以存在著。例如：像作一正方形使其面積與一圓形面積相等這樣一件事，如果這個過程眞是一種知識的對象，那麼，雖則它本身作爲一個知識的對象是存在著的，但關於它的知識卻還沒有存在。再者，如果所有的動物都不再存在，就將會沒有什麼知識存在，但卻可以有許多知識的對象存在著。

關於知覺情形也一樣：因爲知覺的對象看起來是先於知覺行爲而存在的。如果可知覺的東西消滅了，知覺也將不再存在；但知覺的消滅並不取消可知覺的東西的存在。因爲知覺蘊涵一個被知覺的物體和一個知覺在其中發生的物體。這樣，如果那可知覺的東西消滅了，那麼物體也就消滅了，因爲物體乃是一個可知覺的東西；而如果物體不存在，那麼知覺也將不存在。因此，可知覺的東西的消滅，必引起知覺的消滅。

但知覺的消滅並不引起可知覺的東西的消滅。因爲，如果動物消滅了，那麼知覺也必消滅，但可知覺的東西如物體、熱、甜、苦等等將仍然存在。

再者，知覺是和知覺主體同時被產生出來的，因爲知覺和動物同時獲得存在。但是可知覺的東西顯然先於知覺而存在；因爲火和水和諸如此類的原素，即構成動物本身的原素，根本是在動物能是一個動物之前就已經存在著的，也是先於知覺而存在的。這樣，看來可知覺的東西是先於知覺而存在的。

也許有人會懷疑是否眞的沒有任何實體是相對的，因爲這樣的情形似乎是有的；他們會問，是不是在第二性實體那裡有些例外呢？關於第一性實體沒有這種可能，這是眞的，因爲第一性實體其整體和部分都不是相對的。一個個別的人或一隻個別的牛，並不用它與某個外物的關係來加以說明。關於部分也一樣：一定的一隻手或一個頭，並不被規定爲一定的一個人中一定的一隻手或一個頭，而卻是被規定爲一定的人的手或頭。關於第二性實體，情形也如此，至少在大多數場合是如此；「人」這個屬或「牛」這個屬，並不是藉它與外物的關係來說明的。又如樹林，只有當其爲一個人的產業時才是相對的東西，而並非作爲樹林就是相對的東西。所以很顯然，在所提的這些事例裡面，實體不是相對的東西。但關於某一些第二性實體，各人意見卻不一致；例如：像「頭」和「手」乃是藉提及那個在其中它們構成了一部分的東西來加以說明的，所以產生了一個印象，好像它們具有一種相對的性質。眞的，如果我們關於相對的東西的定義充分完滿的話，那麼，要證明沒有任何實體是相對的東西，此事如果不是完全不可能，也會非常困難。但是，如果我們的定義不是充分完滿的，如果只有那些與一個外物的關係乃是其存在的一個必需條件的東西才被正當地稱爲相對的東西，那麼也許可以找到一個避免這困難的辦法。

依照第一個定義，誠然一切都會是相對的，但一個東西藉提及別的東西來說明，並不就使這個東西本質上成爲相對的東西。

因此可以清楚地看出：如果一個人確切地知道一個東西是相對的，他也就會確切地知道這個東西與什麼東西有關。眞的，這可以說是自明的：因爲，如果一個人知道某物是相對的東西，並且假定我們所謂相對的東西是指那些與他物的關係乃是其存在的一個必需的條件的東西，那麼，他就會知道此某物與什麼東西有關。因爲，如果他根本不知道此物與什麼東西有關，他就不會知道此物是否是相對的東西。再者，這一點在一些例子裡可以清楚地看出來。如果一個人確切地知道某某物是「二倍」，他也就會立刻確切地知道此物爲什麼東西的二倍。因爲，如果他不知道此物乃是什麼一定東西的二倍，他就根本不知道此物乃是二倍。再者，如果他知道一個東西是更美麗的，則他必然就會立刻確切地知道此物比什麼東西更美麗。他不會是單單不確定地知道此物比某一不如它美麗的東西更美，因爲這將會是一個假定，而不是知識。因爲如果他不是確切地知道此物比什麼東西更美麗，他就再不能斷言他確切地知道此物比某一不如它美麗的東西更美：因爲，很可能並沒有什麼東西不如它那樣美。由此可見，顯然如果一個人確切地知道一個相對的東西，他必然也就確切地知道這東西與什麼東西有關。

但是，頭、手和諸如此類地東西乃是實體，並且我們能夠確切地知道它們本質上是什麼，而不必因此就知道它們與什麼東西有關。不可能立刻知道所指的是誰的頭或手。所以，這些東西不是相對的東西，既然如此，那麼我們說沒有任何實體是相對的話也就是正確的了。在像這樣的事例裡面，不作更詳盡地考察而要說出肯定的斷言，恐怕是困難的，但是，把有關細節的問題提出來不是沒有用處的。

8.「性質」，我的意思是指人們所藉以被稱爲如此等等的那種東西。

性質一詞有多種意義。有一種性質我們可稱爲「習慣」或「狀態」。習慣之不同於狀態，在於它是較爲持久和較爲穩定。各種知識和各種德性都是習慣，因爲即使一個人所獲的知識不多，大家都公認它也是有持久的性質而難於除掉的，除非由於疾病或類似的原因而發生了一種巨大的精神上的震動。德性亦然，像正直、克己等等不是容易被趨逐趕走，使之讓位給惡行的。

反之，狀態則是指一種很容易改變並且很快地讓位給其對立物的情況，例如：熱、冷、疾病、健康等就是狀態。因爲，就這方面而言，一個人有時處於這樣
9a 的情況，有時處於那樣的情況，但很快地就有變化：由熱變冷、由健康變生病。關於所有其他的狀態，情形也是如此，除非由於年積月累，一種狀態本身已經變成爲根深蒂固，很難消除；在這種情形之下，我們也許甚至稱之爲「習慣」。

顯然，人們是傾向於把那些多少屬於持久一類並難於消替的情況稱爲「習慣的」；那種不能保持知識而善變的人，人們並不稱之爲具有某某一種知識方面的「習慣」，但我們可以說他們在知識方面是處於一定的或好或壞的狀態中。這樣，習慣之與狀態不同，乃在於後者是短暫的，而前者是永久的、難於改變的。

習慣必然同時就是狀態，但狀態不一定就是習慣。因爲，那些具有某種特殊習慣的人，由於該種習慣，也可以稱爲處於某些狀態中；但是，那些處於某種特殊狀態的人，不一定全有相應的那種習慣。

另外一種性質是這樣的一種東西：由於它，我們說某某人是善擊拳者或善跑者，或某某是健康的人、是多病的人。事實上，它包括所有指天生的能幹或天生的無能的那些語詞。這些東西不是根據一個人所處的狀態而是根據他天生的能幹或無能，即根據他能否容易地做某件事或避免某種失敗而被用來述說他的。有些人被稱爲好拳師或賽跑家，不是根據他們地某種狀態，而是根據一種善於做某種事情的天生才幹。有些人被稱爲健康，由於他們有某種天生能力善於抵抗那些平常發生病痛的侵襲；有些人被稱爲不健康，由於他們缺少這種天生能力。關於軟和硬也是如此。一個東西被稱爲硬的，因爲它有一種抵抗能力，使它抗拒破壞；再者，某物被稱爲軟的，由於它缺乏這種抵抗的能力。

這個範疇裡面的第三類，是影響的性質和影響（πάθη）。甜、苦、酸是這一類性質的例子，所有像這樣的東西都屬於這一類；還有熱和冷、白和黑也是影響的性質。顯然，這些東西乃是性質，因爲那些擁有它們的東西，本身就由於它們的存在而被稱爲是甜的、苦的、酸的……等等。蜜被稱爲甜的，因爲它包含有甜的性質；物體被稱爲白的，因爲它包含白的性質；所有其他相似的例子都如此。

「影響的性質」一詞，不是用來表示說那些容納了這些性質的東西遭受了某
9b 種影響。蜜不是因爲它以某種特殊方式遭受了影響而被稱爲甜的；在任何其他例子中也不是這個意思。同樣地，熱和冷被稱爲影響的性質，不是因爲那些能容納它們的東西受了影響。眞正的意思是說所舉的這些性質能夠產生一種以知覺爲其方式的「影響」。因爲甜有一種影響味覺的能力；熱有影響觸覺的能力，這類性質的其他各種也都如此。

不過白和黑，以及其他的顏色，卻不是在這個意義之下稱爲影響的性質，而是因爲它們本身就是一種影響的結果而被稱爲影響的性質。很清楚，許多顏色的變化是因爲受影響而發生的。當一個人害羞的時候，他就臉紅；當他害怕的時候，他就變蒼白，諸如此類。這一點是這樣地眞實，以致如果一個人由於他的體質裡面諸原素的並存狀態使他天性易受這種影響，則很可以推論他具有一種相應的膚色。因爲像前面例子中所說由於過度羞恥而暫時出現的那種身體原素的並存狀態，同樣能夠是一個人的天生氣質的結果，以致產生了那也成爲他的自然特徵的一種相應顏色。因此，所有這一類情況，如果是由於某種經常的和持久的影響所引起的，就稱爲「影響的性質」。因爲根據膚色蒼白或微黑，我們就被稱爲蒼白的人或微黑的人，不單當這種顏色是由於天生的體質所產生時如此，而且當它們是由於長期生病或受日光曝晒以致難於消除或竟終身不變時也如此；就這一點而言，它們就被稱爲性

質。因爲即使是後面這種情況，我們也同樣被稱爲蒼白的人或微黑的人。

但是，那些由於可以很容易使之失效或可以很快地把它除掉的原因所產生的情況，就不被稱爲性質而被稱爲影響：因爲，我們並不是根據它們而被稱爲是這樣或那樣的人。由於害羞而臉紅的人，並不被稱爲一個天生的紅臉孔的人，一個因害怕而變蒼白的人，也並不被稱爲是天生臉孔蒼白的。他倒不如被稱爲受了影響。因此這些情況稱爲影響，而不稱爲性質。

同樣地，靈魂也有影響的性質和影響，一個人生下來就具有的，以某種根深蒂固的影響爲其根源的一種性情，我們稱之爲一種性質。我意思是指像瘋狂、易怒等等；因爲根據這些東西人們就被稱爲瘋狂的人或易怒的人。同樣地，那些不是天生的但是由某些其他因素的並存而產生，並且難於去掉或根本就成爲不變的反常的精神狀態，我們也稱之爲性質，因爲根據它們人們就被稱爲是這樣的人或那樣的人。

但是，那些由於可以很容易使之失效的原因所引起的，就被稱爲影響而不被稱爲性質。假定一個人遭到不愉快的事而發怒，甚至當他在這種情形之下發了點脾氣的時候，人們也不稱他爲壞脾氣者，倒不如稱他爲受了影響。因此，這些情況不稱爲性質而稱爲影響。

第四類性質是物的形或形狀；除此之外，還有直或曲，和其他這一類的性質；這種東西的每一種把一件東西規定爲這樣的東西或那樣的東西。一件東西因爲它是三角形的或四角形的，就被稱爲具有某種特質，或者，如果它是直的或曲的，就被稱爲具有直或曲的特質；事實上一個東西的形狀在每一個場合都引起對這個東西的一種性質的規定。

「疏和密」、「粗和滑」似乎是表示性質的語詞；但這些東西好像應當屬於與性質不同的一類。因爲這些語詞的每一個所表示的，不如說是被這樣形容的那個東西的各組部分之間的某種相對的位置。一個東西是密實的，由於它的各組成部分是彼此緊密結合著的；一個東西是疏鬆的，因爲它們各部分之間有空隙；是光滑的，因爲，譬如說，它的各部分是平擺著的；是粗糙的，因爲有些部分突出於其他部分之外。

也許還有別種的性質，但是那些最正當的被稱爲性質的，我們可以說都舉出來了。

這些就是性質，而那從它們取得名稱（這種名稱叫做「轉成語」）的東西，或者以某種方式依賴於它們的東西，則被稱爲帶有某種特殊性質。在大多數而且事實上是在所有的場合，那具有某種性質的東西都是從該種性質取得其名稱的。例如：「白」、「語法」、「正義」這些語詞，就給了我們以「白的」、「通曉語法的」、「公正的」等等形容詞，此外還有別的相似的情形也都如此。

不過也有些場合，在那裡由於被考察的性質並沒有一個名稱，因此就不可能使那些具有該性質的東西有一個轉成語作爲自己的名稱。例如：有些人根據一種天生的才幹而獲得的善跑者、善擊拳者等等稱號，就不是從任何一種性質引申出來的；因爲人們並沒有指定名稱給這些才幹（正是由於具有這些才幹人們才被稱爲是這樣或那樣的人）。在這方面，各門技能的知識就有所不同了（各門知識是有名稱的）。[15]根據人們具有各該門技能的知識，人們就被稱爲拳術家或角鬥術家。這樣一種知識被包括在狀態那一類裡面，並且有一個名稱，稱爲「拳術」或「角鬥術」，看情形而定，而那〔透過練習〕處於某種狀態中的人，就從該門知識的名稱引申出他們自己的名稱。

有的時候，即使某種性質有一個名稱，但從這種性質獲得自己的特性的東西，卻有著一個並非轉成語的名稱。例如：正人君子是由於具有德性這個性質而獲得他的名稱的，但所給予他的這個名稱卻不是從「德性」這個字引申出來的。不過這種情形並不常常發生。

因此，我們可以說，那些從上面所舉的性質的名稱引申出自己的名稱或者以別種方式依靠著它的東西，就被稱爲具有某種特殊性質。

15 此處英譯疑有錯誤，茲按希臘文原文譯出。——中譯者。

一個性質可以是另一性質的相反者；例如：正義是不義的相反者，白是黑的相反者等等。那些根據這種性質而被稱爲這樣或那樣的東西，也可以彼此相反；因爲，正義的事物是與不義的事物相反的，白的東西是與黑的東西相反的。不過，這並不是常常如此的。紅、黃以及此類的顏色，雖然是性質，卻並沒有相反者。

如果兩個相反的東西之一是一個性質，其他那個東西也將是一個性質。只要舉些個別的例子，把所用的名稱試用來指其他的範疇〔看看是否妥當〕，就可以把這一點弄清楚；例如：假定正義是不義的相反者，而正義是一個性質，則不義就將是一個性質；除了性質這個範疇，不論是數量或關係或地點或任何其他範疇，都不能正當地使用於不義。所有其他包括在性質這個範疇之內的相反者，情形都是如此。

性質容許有程度的不同。一個東西可以被稱爲比另外一個東西更白些或沒有那麼白。關於正義，情形也一樣。再者，同一個東西可以表現出比它以前具有更大程度的某種性質：如果一個東西是白的，它還可以變得更白些。

雖然情形一般是這個樣子，但也是有例外的。因爲，如果我們說正義容許有程度的不同，就會有困難發生，關於所有是狀態的那些性質，亦復如此。事實上在這裡有些人對於這種有程度的不同的可能性是抱有不同意見的。他們認爲，正義和健康本身實在不能容許有程度的不同，不過人們是在不同的程度上具有這些性質，而
11a 這種情形也正存在於語法學問和所有那些被歸於狀態一類的東西那裡。但是，無論

如何，這卻是一個不容置辯的事實：那些根據這些性質而被稱爲某種東西的東西，是以不同的程度具有著這些性質的；因爲一個人被稱爲比另一個人更長於語法，或更健康，或更公正，諸如此類。

那些由「三角形的」和「四角形的」等語詞所表示的性質，顯然是不容許有程度的不同的，事實上，任何與形有關的性質，都顯然是這樣不能容許有程度的不同的。因爲，所有三角形或圓形的定義可以適用的那些東西，都相等地是三角形的或圓形的。反之，同一個定義所不能適用的那些東西，則不能被稱爲彼此有程度之差；一個正方形比一個長方形並不更是一個圓形，因爲圓形的定義對兩者皆不適當。簡言之，如果所提出的語詞的定義，不能適用於兩個物體，則此兩個物體就不能互相比較。因此，並不是所有的性質都容許有程度的不同。

在我所提及的這些特徵中，沒有一種是性質所專有的；反之，相似或不相似只能用於述說性質，這個事實才給予性質這個範疇以它的突出的特色。一個東西與別一個東西相似，只是就此物憑什麼是這樣或那樣來說的；[16]由此可見，這乃是性質的特殊標誌。

我們切不可因爲有人會提出抗辯，說我們雖然聲明是討論性質的範疇，但卻

---

16 德譯本句為：「只是就物所具有的性質方面而言。」——中譯者。

在其中包進了許多相對的語詞而感到不安。我們確曾說過習慣和狀態是相對的。實際上差不多在所有這些場合，種乃是相對的，而個體則不是。例如：知識作爲種乃是由於它與另一些東西的關係來加以說明的，因爲我們的意思是指**關於某些東西的**一種知識。但專門的各門知識卻不是這樣來說明的。語法的知識不是相對於某些外物的，音樂的知識也不是相對於某些外物的；這些東西，如果可以說是相對的話，那就只是透過它們的種才是如此；例如：語法被稱爲關於某些東西的**知識**，而不是被稱爲關於某些東西的語法；同樣地，音樂是某些東西的**知識**，而不是某些東西的音樂。

由此可見，個別的各門知識不是相對的。並且正是因爲我們具有這些個別的各門知識，我們就被稱爲是這樣的人或那樣的人。我們所實際具有的，是這些東西；我們因爲具有某門特殊的知識而被稱爲專家。因此，我們有時所藉以被稱爲這樣人或那樣人的特殊科學部門的知識，其本身乃是一些性質，而不是相對的。再者，如果有些東西恰好同時屬於性質的範疇和關係的範疇，那麼就把它同時歸於這兩類裡面，也不是什麼荒謬的事。

11b 9. 活動和遭受兩者都容許有相反者，也容許有程度的不同。加熱是冷卻的相反者，被加熱是被冷卻的相反者，覺得高興是覺得苦惱的相反者。所以它們是容許有相反者的。它們也容許有程度的不同：因爲可以多加熱或少熱些，也可以被熱得高些或被熱得低些。由此可見活動和遭受也容許有程度的不同。關於這兩個範疇，就講這麼多吧。

再者，當我們在討論關係的範疇時，我們曾談及姿態的範疇，說這種語詞乃是從它們的相應的姿態的名稱引申出自己的名稱的。[17]

至於其他的幾種範疇即時間、地點、狀況等，既然它們是很容易理解的，關於它們除了開始時所說的話以外，我不再多說了：即是，在狀況（具有）的範疇裡，包括像「著鞋的」、「武裝的」等等情況，在地點的範疇裡，有「在呂西恩」等等，像以前所解釋那樣。

10. 所提出的範疇，現在可以說都已經適當地討論過了。

其次我們所必須說明的，是「對立」這個語詞的各種意義。事物在四種意義上被稱爲互相對立：(1)相關者的互相對立，(2)相反者的互相對立，(3)缺乏者與實有者的對立，(4)肯定命題與否定命題的對立。

讓我大略說一說我的意思。「對立」一詞用於指相關者時的例子之一，是「二倍」和「一半」這兩個用語；指相反者的，如「壞」和「好」。在「缺乏者」

17 參閱第七章第三段。

和「實有者」這個意義下的對立者則如「盲」和「視力」；在肯定命題和否定命題的意義下被使用的，如「他坐著」和「他不是坐著」這兩個命題。

(1)屬於關係範疇的各對對立者，都藉對立的一項與另一項的關係來加以說明，這個關係由介詞「的」字或一個其他的介詞來表示。例如：「二倍」是一個相對的語詞，因為那個是二倍的東西，是被作為**某物的**二倍來說明的。再者，在同樣的意義之下知識乃是與被認識的東西相對立的；被認識的東西也是藉它與它的對方即與知識的關係來說明的。因為，被認識的東西是作為**被某種東西**即是被知識所認識的東西來說明的。因此，這種以作為相關者這個意義而彼此對立的東西，乃是藉其一方對他方的關係而獲得說明的。

(2)作為相反者的各對對立者，不在任何方式之下互相依存，而是彼此相反
的。好東西不是作為**壞東西的**好東西來看待的，而是作為**壞東西的相反者**來看待
12a 的，白也不是作為**黑的**白來看待的，而是作為**黑的相反者**來看待的。因此，這兩種
類型[18]的對立乃是有區別的。如果相反者是具有這樣的性質的，即它們自然地存在
於其中的主體或它們可被用來述說的主體必然包含此相反者之一方或他方，那麼，

---

18 此處指上一段所說的和這一段所說的兩種對立者。——中譯者。

它們之間就沒有居間的東西；但是，在其主體不一定包含其一方或他方的那些相反者那裡，就常常有居間的東西。例如：疾病和健康自然地存在於一個動物的軀體裡面，而且必然是其一或其他存在於一個動物的軀體裡面，又如奇或偶是被用來述說數目的，並且必然是其一或其他存在於每一數目裡面。這兩對東西中的每一對，雙方之間並沒有什麼中介的東西。反之，在那些沒有這種必然性的相反者那裡，我們可以發現有中介的東西。黑色和白色自然地存在於物體裡面，但並不一定要其一或其他存在於物體裡面，因爲我們不能夠說每一個物體必然或者是白的或者黑的，兩者必居其一；又如好和壞是用來述說人和許多其他東西的，但並不一定是其中一種性質必然存在於它們的主體之中；我們不能說每一種可以是好的或壞的東西都必定或者是好的或者是壞的，兩者必居其一。每一對這樣的相反者都有中介者；白和黑之間的中介者是灰色、土黃色和其他介於白與黑之間的顏色；介於好與壞之間的東西是那既非好也非壞的東西。

有些居間的性質有名稱，例如：灰色、土黃色和所有其他介於白與黑之間的顏色；但是，在另外的場合，卻不容易說出居間者的名稱，不過我們應該把它規定爲那**不是**兩極端的東西，像在那既非好又非壞的東西、那既非公正又非不公正的東西那裡一樣。

(3)「缺乏者」和「實有者」都是就同一個主體而言的。例如：視力和盲都是對於眼睛而言的。一般來說，這種類型的每一對對立者的雙方，都是用來述說那本性上本來應該具有該對對立者中的「實有者」一方的東西的。我們說那個能夠有某種能力或「所有」的東西被剝奪或喪失這種能力或這種「所有」，如果該種能力或該種「所有」在它本來應該存在於它的主體之中的時候一點也不存在於該主體之中的話。我們並不把那些本來沒有牙齒的東西稱爲無牙的，或者把本來沒有視覺的東西稱爲瞎眼睛的，而是把那些按本性來說在某個時候本來應該有牙齒或視覺，而它們在那個時候卻並沒有牙齒或視覺的東西，才稱爲無牙的或瞎眼睛的。因爲有許多生物從出生起就沒有視覺或者沒有牙齒，但這些東西並不被稱爲無牙的或瞎眼睛的。

沒有某種能力或具有某種能力，並不等於那相應的「缺乏者」或「實有者」。「視力」是一個「實有者」，「盲」是一個「缺乏者」，但「具有視力」並不等於「視力」，「是瞎眼睛的」並不等於「盲」[19]。盲是一「缺乏者」；是瞎眼睛的則是在一種缺乏的狀況中，但並不是一「缺乏者」。再者，如果「盲」等於「是瞎眼睛的」，那麼，兩者就該都可以用來述說同一主體了；但是，雖然一個人

19 作為名詞的「盲」，而不是作為形容詞的「盲」。

12b 被稱爲是瞎眼睛的，他卻絕不被稱爲就是「盲」。

處於占有的狀態之中是與處於缺乏的狀態之中對立著的，正像「實有者」和「缺乏者」本身是對立一樣。在這兩種情形裡面，對立的方式是一樣的；因爲，正如盲是與視力相反，是瞎眼睛的也與有視覺相反。

被肯定或被否定的東西本身不就是肯定或否定。我們說「肯定」意思是指一個肯定命題，說「否定」是指一個否定命題。但是，那些構成了肯定或否定的實質的東西並不是命題；可是這兩者〔兩個事實〕卻也是以同樣的意義被稱爲互相對立，正像肯定和否定之被稱爲互相對立一樣，因爲在這裡對立的方式也是相同的。因爲正像肯定和否定（例如：「他坐著」和「他不是坐著」這兩個命題）是對立著的，構成命題之一的實質的那個事實也是與那構成另一個命題的實質的另一個事實對立著的，就是說，他之坐著和他之不坐著乃是對立著的。

顯然，「實有者」和「缺乏者」之互相對立並不是像相對者之互相對立那樣的。不論「實有者」或「缺乏者」，都並不藉它與其對方的關係來說明；視力並不是**盲的**視力，也沒有什麼別的介詞被用來表示它們之間的關係。同樣地，盲並不被稱爲**視力的**盲，而卻是被稱爲視力的缺乏。再者，相對的東西有交互關係；因此，如果盲是一個相對的東西，那麼，在它和那個是它的相關者的東西之間，就該會有一種關係的交互性。但情形並不如此。視力並不被稱爲**盲的**視力。

那些屬於「實有者」和「缺乏者」的項目之下的語詞也不是像相反者那樣彼此對立著的，這一點從下面的事實可以清楚地看出來：沒有居間的東西的一對相反者，相反者的一方或他方，必須存在於它們按本性而存在於其中的主體裡面，或者必須存在於它們被用來述說的主體裡面；因爲我們已經證明，正是在那些帶著這種非此即彼的必然性的東西那裡，是沒有什麼居間者的。我們並舉出健康和疾病、奇和偶爲例。但是那些有著居間的東西的相反者，則不受這種必然性的限制。並不一定每一個能容許有這類性質的實體都必須不是白的就是黑的，不是冷的就是熱的，因爲一些居於這些相反者之間的東西很可能存在於主體之中。我們還證明：那些不帶著這種非此即彼的必然性的相反者，是有著居間的東西的。但是。當兩個相反之一乃是主體的一個構成性質的時候，像「是熱的」乃是火的一個構成性質、「是白的」乃是雪的一個構成性質那樣時，則就這絕對地必然只有兩個相反者中的一定的一個，而不是隨便這個或那個，存在於主體之中；因爲火不能是冷的，雪不能是黑的。由此可見：在這裡，事實上並不是兩個相反者之一必定存在於每一個能容許有
13a 這些相反者的主體之中，而卻只是存在於那個以該一方爲一個構成性質的主體裡面，並且，在這種情形之下，只有這一對相反者中的一定的一方而不是隨便一方或他方，確定地存在於主體之中。

反之，在「實有者」和「缺乏者」那裡，上面所說的情形就完全不存在。因

爲，並不一定是每一個能容納這些性質的主體，都總有其中一種或其他一種性質；那還沒有發展到按本性說應該能看東西的階段的東西，既不被稱爲是瞎眼睛的，也不被稱爲是能看東西的。因此，「實有者」和「缺乏者」是不屬於那些沒有居間者的相反者那一類的。從另一方面說，它們也不屬於有居間者的相反者的那一類。因爲，在某種情形之下，其中一方或其他一方必須形成每個適當的主體的一個構成部分。因爲，當一個東西達到了即按本性說是能夠有視力的階段的時候，它就會被稱爲或者是能看東西的，或者是不能看東西的，而且是在一種不確定的意義之下，即是，這種能力或者存在，或者不存在；因爲不是要它一定是能看東西或者一定是不能看東西，而只是它必須是在這一種狀況或那一種狀況之中——隨便哪一種都可以。但在有居間者的那些相反者那裡，我們發覺不一定其中的一方或其他一方總得存在於每一個適當的主體中，而只是發現在某些主體中相反者的一方必然要存在，而且必是其中確定的一方。因此，很清楚，「實有者」和「缺乏者」之互相對立，其意義與相反者之互相對立的兩種意義都是不同的。

再者，在相反者那裡，有可能一方變爲另一方，而主體卻保持其同一性，除非相反者之一乃是該主體的一個構成性質，像熱之於火那樣。因爲，很可能那健康的東西變成有病，白的東西變黑，熱的東西變冷，好的東西變壞，壞的東西變好。壞人如果被引導到一種更好的生活和思想方式，就可能有所改進，不管這種改進是怎樣微小；如果他一朝有了改進，不管這種改進是怎樣微小，很清楚他就可能完全改變，或者至少會有很大的進步；因爲一個人總是越來越容易被引向德性的路上去的，不管開初的改進是多麼微小。因此，自然可以假定他將會獲得比過去所獲得的更大的進步；只要這個過程維持下去，它將會把他完全改變過來，並把他帶進相反的狀況中，只要他不受缺乏時間的阻礙。在「實有者」和「缺乏者」那裡，卻不可能有兩個方向的變化。也許可以有從占有到缺乏的變化，但不可能有從缺乏到占有的變化。瞎了眼睛的人，不會再獲得勢力；禿了頭的人，不會再長出頭髮；掉落了牙齒的人，不會再長出一套新的牙齒。

(4) 作爲肯定和否定而互相對立的東西，顯然是屬於與上面三種都不相同的另一類的對立，因爲在這裡，而且只有在這裡，必定要對立的一方是正確的而他方是錯誤的。

在相反者那裡，在相關者那裡，以及在「實有者」和「缺乏者」那裡，都不需要對立的一方是正確的而他一方是錯誤的。健康和疾病是相反者；兩者都不是正確的或錯誤的。「二倍」和「一半」是作爲相關者而對立著的：兩者都不是正確的或錯誤的。關於「實有者」和「缺乏者」，例如：「視力」和「盲」，情形當然也一樣。簡言之，在沒有詞與詞相連結的地方，也就不會有正確和錯誤。而至此爲止我們所提及的所有那些對立者，卻都是由簡單的詞構成的。

但同時，當包含在兩個對立的命題的兩個詞本身乃是相反者的時候，這些詞比起任何其他各組的對立者就似乎更有權利要求有這種特性。「蘇格拉底現在有病」是「蘇格拉底現在安好」的相反者，但即使對於這種複合的語言，也不是永遠眞可以說其一方必然是正確的而他方是錯誤的。因爲，如果蘇格拉底存在，那麼其中一方將會是正確的而他一方是錯誤的；但如果他不存在，則雙方都將是錯誤的；因爲，「蘇格拉底現在有病」既不是正確的，「蘇格拉底現在安好」也不是正確的，如果蘇格拉底根本就不存在的話。

在「實有者」和「缺乏者」那裡，如果主體根本就不存在，則兩個命題都不是正確的，但即使主體存在，事實上也不必是其一必正確，其一必錯誤，因爲，當「對立」這個詞是用來指占有和喪失這個意義之下的東西的時候，「蘇格拉底有視力」乃是「蘇格拉底是瞎眼睛的」的對立者。現在，假定蘇格拉底是存在的，還不一定這兩個命題之一就是正確的而他一者是錯誤的，因爲當他還不能獲得視覺能力的時候，兩者都是錯誤的，正如當蘇格拉底根本就不存在的時候那樣。

但是，在肯定和否定那裡，不論主體存在與否，則一方必定是正確的而他方是錯誤的。因爲，很顯然，如果蘇格拉底存在，則在「蘇格拉底現在有病」和「蘇格拉底現在不是有病」兩個命題之中，總必有一個是錯誤的而另外一個是正確的。如果他不存在，情形也同樣如此；因爲如果他不存在，那麼說他是有病的就是錯誤的，說他不是有病的就是正確的。由此可見，只有在對立者這個詞是用於指肯定和否定之間的對立的時候，在兩個對立者那裡才適用這樣的規則，即兩方中之一方必是正確的而他一方是錯誤的。

11. 一種善的相反者是一種惡，這一點是能用歸納法證明的：健康的相反者是疾病，勇敢的相反者是怯懦，依此類推。但是一種惡的相反者有時是一種善，有時
14a 是一種惡。因爲，例如：「不足」乃是一種惡，它有過度作爲它的相反者，而「過度」也是一種惡；持中是一種善，它卻同樣地是兩者的相反者。不過，只有在很少的場合，我們才看到這種例子，在最大多數場合，一種惡的相反者乃是一種善。

在相反者那裡，事實上不一定常常是如果其一方存在則他方必存在；因爲，如果一切的人都變成健康的，那麼就將只有健康而沒有疾病，又如果每樣東西都變成白的，就將只有白，但沒有黑。再者，既然蘇格拉底有病這個事實乃是蘇格拉底安好這個事實的相反者，而兩個相反的情況是不能同時屬於一個個體的，所以這兩個相反者便不能同時存在：因爲如果蘇格拉底安好是一個事實，那麼蘇格拉底有病就絕不能也是一個事實。

相反的屬性必須存在於那些屬於同屬或同種的主體之中，這一點乃是很顯然的。疾病和健康需要動物的軀體作爲它們的主體；白和黑需要一個不必再加以形容的物體作爲它們的主體；正義和不義需要人的靈魂作爲它們的主體。

再者，這也是必然的，即每一對相反者必定或者屬於同一個種，或者屬於相反的種，或者本身就是兩個種。白和黑屬於同一個種，即顏色；正義和不義屬於相反的種，即德行和惡行；善和惡不屬於什麼種，而本身就是實在的種，包含著別的東西作爲自己的屬。

12. 在四種意義上，一個東西能夠被稱爲「先於」另一個東西。在最初的和最正當的意義上，這個詞是與時間有關的：在這個意義上，它是用來表示一物比另一物更古舊或更古老，因爲「更古舊」和「更古老」意涵著更長的時間。

其次，一物被稱爲「先於」另一物，當它們存在的次序不能夠顛倒過來的時候。在這個意義上，「一」是先於「二」的。因爲，如果「二」存在，則立刻可以斷定「一」必定存在，但如果「一」存在，就不能斷定「二」一定存在：所以存在的次序是不能顛倒的。這樣大家都同意：當兩個東西的次序不能顛倒過來的時候，則那個爲另外一個所依賴的東西，就被稱爲「先於」那另一個。

第三，「先於」一詞被用來談及任何次序，如像在科學和雄辯術那裡。因爲，在用證明的科學裡面，在次序上是有先有後的；在幾何學裡面，原理是先於命題的；在閱讀和寫字中，字母是先於音節的。同樣地，在演說中，導言在次序上是先於敘述的。

這個詞除這幾種意義之外，還有第四種意義。凡是更好的和更可尊敬的都被稱爲有自然的優先權。在平常的說話裡面，人們稱那些他們所敬愛的人爲在他們心中占優先位置。這個意義也許是最牽強附會的。

這些就是「先於」一詞的各種不同的意義。

但除上面所提的那些意義之外，好像還有另外一種。因爲，在那些彼此互相蘊涵的東西中間，那個在某種方式上可以合理地被認爲是原因的，就被稱爲「先於」它的效果。顯然，這樣的例子是有的。一個人存在著這個事實，蘊涵著「他存在著」這個命題的正確性，並且這種蘊涵的關係是交互的；因爲，如果一個人存在，那麼，我用來斷定他是存在的那個命題也就是正確的，反過來說，如果我們用來斷定他存在的那個命題是正確的，那麼他就是存在的。但是，那個正確的命題絕不能是這個人的存在的原因，而這個人存在這個事實，看來才是這個命題之所以爲正確的原因，因爲命題的正確或錯誤取決於這個人存在或不存在這一事實。

由此可見，「先於」一詞，可用於五種意義上。

13.「同時的」一詞，首先地而且最適當地適用於那些其中一個是與另一個同時發生的事物；因爲在這種場合，其中一個事物並不先於也不後於另一事物。這種東西就時間而論被稱爲是「同時的」。此外，那些其中一個的存在必然使另一個也存在，而同時任何一個的存在又不是另一個的存在的原因的事物，就它們本性而言也是「同時的」。關於二倍和一半，情形就是這樣，因爲這兩者乃是互相依賴的，因爲如果有二倍，也就有一半，如果有一半，也就有二倍，但同時任何一個都不是另一個的存在的原因。

再者，那些在同一個種裡面彼此有別、彼此對立的各個屬，也被稱爲按本性而言是「同時的」。我意思是指按同一種分類方法（分類原則）而被區分的那些屬。例如：「有翼的」這個屬是和「有足的」和「水棲的」這兩個屬同時的。這些屬是在同一個種裡面被區分並且彼此互相對立的，因爲「動物」這個種有「有翼的」、「有足的」和「水棲的」這幾個屬，而其中任何一個屬都不先於或後於其他的屬；正相反，這些東西顯出在本性上是「同時的」。這些屬的每一個，無論是有足的、有翼的、水棲的，都可以再細分爲許多科。這些屬（科），就本性說也是「同時的」，它們屬於同一個種（屬），它們也是根據同一種分類方法而互相區別的。

但種是先於屬的，因爲它們存在的次序不能被顛倒過來。如果有「水棲動物」這個屬，就會有「動物」這個種，但假定有「動物」這個種，並不一定能推論出有「水棲動物」這個屬。

因此，那些其中一個的存在必然使另一個存在，但任何一個卻絕不是使另一個存在的原因的事物，按本性說就被稱爲是「同時的」；還有，那些在同一個種裡面被互相區分開來並且彼此互相對立的屬，也被稱爲是「同時的」。再者，那些在同一時間發生的事物，則是在絕對的意義之下被稱爲是「同時的」。

14. 運動共有六種：產生、消滅、增加、減少、改變和位移。

顯然，除了一種情形之外，所有這各種運動都是彼此有分別的。產生不同於消滅，增加和位移不同於減少等等，如此類推。但是，在改變這一種運動那裡，也許有人會提出抗辯，說這種改變的過程必然蘊涵著其他五種運動的這一種或那一種。但這並不是正確的，因爲我們可以說所有的或差不多所有的影響都在我們之中引起了不同於所有其他各種運動的一種改變，因爲受影響的不必遭遇到或增加或減少或其他任何一種運動。因此改變乃是一種不同的運動；因爲，如果不是這樣，則那改變了的東西就會不單被改變，而且同時必然被增加或減少或遭受到其他各種運動的某一種；但事實上，情形並不如此。同樣，如果改變不是一種不同的運動形式，則那受到增加的過程或遭受某種別的運動的東西，也必然應該受到改變。但有些東西受到增加但卻不受到改變，例如：如果把一個磬折形加到一個正方形上去，正方形就會受到增大但不會受到改變[20]，其他一切這一類的「圖形」，情形也是如此。因此，改變和增大是不相同的。

一般來說，靜止是運動的相反者。但各種不同的運動形式是是以其他的運動形式

---

20 田，■表示原來的正方形；∟表示所加的磬折形。

作爲自己的相反者的；例如：消滅是產生的相反者，減少是增大的相反者，停止於一個地方是移動地點的相反者。關於地點的移動，逆方向的移動好像最眞正是它的相反者，例如：向上的運動是向下的運動的相反者，反過來說也是一樣。

以前所提那些運動中其餘那一種〔按指改變。——中譯者〕，就不容易說出它的相反者是什麼。它好像沒有相反者，除非人們就在這裡把相反者也規定爲或者是「性質不變」或者是「向相反的性質的轉變」，像我們把位移的相反者規定爲或者是停止於一個地方或者是向相反的方向移動那樣。因爲，當有性質的改變發生時，一個東西就改變了；因此，它的性質之不變，或者像相反的性質的變化，可以被稱爲這種性質方面的運動形式的相反者。這樣變白就是變黑的相反者；因爲由於性質的改變，那個東西也就改變成爲它的相反者。

15.「有」一詞，是在各種不同的意義之下來使用的。首先，它用來說習慣或狀態或任何其他的性質，因爲我們被稱爲「有」一點知識或一種德性。其次，它用來談數量，例如：用來說一個人所有的高度；因爲他被稱爲「有」三丘比特或四丘比特高。第三，它用來說衣著，因爲一個人被稱爲「有」〔穿〕一個短衣或長褂；或者，用來說某些我們戴在我們身上某部分上面的東西，例如：手指上的戒指；或者，用來說某些是我們身體的一各部分的東西，例如：手或腳。這個詞也可用來說內容，例如：談到容器和麥子，或瓶子和酒時，我們說一個容器裡有麥子，或一個瓶子裡有酒。這個詞在此處所要表達的乃是內容。或者，它也可用來說那已經獲得了的東西：我們被稱爲「有」一棟房子或一塊土地。一個人還被稱爲「有」一個妻子，一個妻子被稱爲「有」一個丈夫，這個意義顯出是這個詞的最廣的意義，因爲我們在這裡用它，意思是說丈夫和妻子在一起生活。

也許還可以找到別的意義，但最通用的意義已經都指出來了。

解釋篇

內容提要[1]

1\.
(1)口語是思想的符號。
(2)孤立的思想或用語既不是正確的也不是錯誤的。
(3)正確和錯誤只是思想或詞語的某些結合的屬性。

2\.
(1)名詞的定義。
(2)簡單的和複合的名詞。
(3)不確定的名詞。
(4)名詞的格。

3\.
(1)動詞的定義。
(2)不確定的動詞。
(3)動詞的時式。
(4)動名詞和形容詞。

---

1 該提要為英譯者所加。

4.句的定義。

5.簡單的和複合的命題。

6.矛盾命題。

7.(1)全稱的、不確定的和特稱的肯定命題和否定命題。

(2)相反命題與矛盾命題不同。

(3)在主詞為全稱或特稱的兩個相反命題中，一命題的正確即蘊涵著另一命題的錯誤，但在不確定的命題中，情形就不是這樣。

8.單一的命題的定義。

9.談及現在式或過去式的命題，必然或者是正確的，或者是錯誤的；談及將來時的命題，必定或者是正確的，或者是錯誤的，但哪一個是正確的哪一個是錯誤的，則不能決定。

10.(1)各對肯定命題和否定命題的圖解式排列。

(a)不帶動詞「是」的補語的；

(b)帶有動詞「是」的補語的；

(c)以一個不確定的名詞為主詞的。

(2)否定詞的正確的位置。

(3)相反命題絕不能兩者都是正確的，但在特稱相反命題則兩者可以都是正確的。

(4)在特稱命題中，如果肯定命題是錯誤的，則其相反命題是正確的；在全稱命題中，如果肯定命題是錯誤的，則其矛盾命題是正確的。

(5)以一個不確定的名詞和一個不確定的動詞構成的命題，不是否定命題。

(6)以一個不確定的名詞為主詞的命題對其他命題的關係。

(7)名詞和動詞的換位並不使命題的意義改變。

11.

(1)有些貌似簡單的命題，實在是複合的。

(2)同樣地，有些辯證的問題實在是複合的。

(3)辯證的問題的性質。

(4)當具有同一主詞的兩個簡單命題都是正確的時候，由該兩個命題的受詞的結合而獲得的那個命題，並不一定是正確的。

(5)許多當單獨時都是屬於同一個主體的受詞，只當它們都是本質上可以用來述說該主體，並且其一受詞並不暗含在另一受詞之內時，才能結合起來形成一個簡單的命題。

(6)一個複合的受詞，當它裡面包含著用詞的矛盾時，或受詞之一是用於第二性的意義之下時，就不能分解為簡單的受詞。

12.

(1)關於可能性、不可能性、偶然性和必然性的命題。

(2)規定此種命題的恰當的矛盾命題。

13.
(1)表明存在於此種命題之間的關係的格式。
(2)證明這個格式的不合邏輯。
(3)修訂格式。
(4)被稱為可能的東西，可以是
(a)經常實在的；
(b)有時實在的有時不實在的；
(c)絕不實在的。

14.
討論：一個全稱的或特稱的肯定命題的正當的相反命題是一個相反的肯定命題抑是一個相反的否定命題？

16a 1.首先我們必須把「名詞」和「動詞」加以定義，其次把「否定」和「肯定」，然後把「命題」和「句」這些詞都加以定義。

口語是心靈經驗的符號，而文字則是口語的符號。正如所有人的書法並不是相同的，同樣地，所有的人也並不是有相同的說話的聲音；但這些聲音所直接標誌心靈的經驗，則對於一切人都是一樣的，正如我們的經驗所反映的那些東西對於一切人也是一樣的。不過，這個問題已在我的論靈魂的文章裡討論過了，它是屬於與我們當前的研究不相同的一種研究的。

正如在我們心靈裡面有不牽涉到正確或錯誤的問題的一些思想，也有那些必須或是正確的或是錯誤的思想，同樣地，在我們的語言裡面也有這種情形。因爲正確和錯誤蘊涵著結合和分離。名詞和動詞，只要不把別的東西加上去，乃是和沒有加以結合或加以分離的思想一樣的；「人」和「白」，作爲孤立的詞，還是既非正確的也非錯誤的。爲證明這點，試考慮「山羊—牡鹿」一詞。它是有某種意義的，但關於它，並無所謂眞實或錯誤，除非現在時態的或其他時態的「是」或「不是」被加上去。

2.所謂一個名詞，我們的意思是指一個由於習慣而有其意義的聲音，它是沒有時間性的，它的任一部分離開了其他部分就沒有意義。在「良馬」這個名詞裡面，單獨「馬」這個部分本身並無意義，不像在「優良的馬」這短句裡面那樣。但在簡單的名詞和複合的名詞中間，是有一種差別的；因爲在前者裡面，部分是絕對沒有意義的，在後者裡面，部分對於整體的意義有所貢獻，雖然它沒有一個獨立的意義。例如：在「盜船」中，「船」一字僅只具有那種作爲整個詞的一各部分時所具有的意義。

加上「由於習慣」這個限制條件，是因爲沒有什麼東西藉其本性就能夠是一個名詞或名稱——只有當它成爲一個符號的時候它才能是一個名詞或名稱；不分節的聲音，像牲畜所發出的那些聲音，是有意義的，但其中沒有一個能構成一個名詞。

「非人」[2]這一用語不是一個名詞。實際上並沒有一個被公認的詞，足以用來指稱這一個用語。因爲它既不是一個句子，也不是一個否定命題。那麼，就讓它被稱爲一個不確定的名詞吧。

16b 「菲羅的」、「給菲羅」等等用語，並不構成名詞，而構成一個名詞的格。名詞的這些格的定義，在其他方面，是和名詞本身的定義一樣的，但是，當這些格和「是」、「曾經是」或「將是」連在一起時，照它們現在的樣子，並不能構成一個或是正確的或是錯誤的命題，而這一點，名詞本身在這些條件之下卻是能做到的。

---

2 「非人」，「那不是人的東西」，指除人以外的東西。——中譯者。

試取「菲羅的是」或「菲羅的不是」這些詞組，這些詞就它們現在的樣子而言，既不形成一個正確命題，也不形成一個錯誤命題。

3. 一個詞在其本身意義之外尚帶著時間的概念者，稱爲動詞。動詞的任一部分都沒有任何獨立的意義。動詞永遠是那說到另外一件事的某事的記號。

我將解釋一下我所說的「它帶著時間的概念」是什麼意思。「健康」是名詞，但「是健康的」是動詞；因爲，在它的本身意義之外，它還指出所說的狀況現在是存在著的。

再者，動詞永遠是說到另外一事的某事的記號，就是說，某些可以用來述說或是存在於另一東西裡面的東西的記號。

像「是不健康的」、「是沒有病的」這樣的用語，我不稱之爲動詞；因爲，雖然它們附帶有時間性的意義，並且常常形成一個述語，但並沒有一個特定的名稱來代表這個變種；但是，可以讓它們被稱爲不確定的動詞，既然它們可以同樣地應用於存在的事物和不存在的事物。

同樣地，「他曾是健康的」、「他將是健康的」等等，並不是動詞，而是動詞的時態；其間的區別在於這個事實：動詞標誌現在的時間，而動詞的時態標誌那些除了現在以外的時間。

動詞本身也是有實質的和有意義的，因爲使用這樣的用語的人，喚住了聽者的精神，並且吸引了他的注意[3]；但它們本身還並不表達出任何判斷，不論是肯定判斷抑或否定判斷。因爲不論「是」或「不是」以及分詞「系」都不標誌任何事實，除非加上些別的東西；因爲它們本身並不標誌任何東西，而僅蘊涵著一種連結，關於這種連結，離開了所連結的東西，我們就不能形成一個概念。[4]

4. 句是語言的一個有意義的部分，這個部分的某些部分具有一種獨立的意義，就是說，它足以作爲有意義的發言，雖則不足以作爲任何明確的判斷的表述。[5]讓我解釋一下。「凡人的」[6]一詞，是有意義的，但它並不構成一個命題，不論肯定的或否定的。只有當另外的詞加上去的時候，全體合起來才會形成一個肯定的命題或否定的命題。但是如果我們把「凡人的」一詞的一個音節從其他的音節分開來，它就沒有意義；同樣地，在 μῦς（老鼠）這一個詞中，ῦς 這一部分本身並

---

3 此劇希臘文原文為：「動詞本身是名詞，並且代表和意味著某種東西，因為說話者在用這種用語時，自己的思想活動暫時停頓一下，而聽者（的精神）也停頓一下。」

4 在這一段裡面，「是」一詞的那種代表「存在」的意義被撇開不談，而只考慮到它的連結作用。

5 此半句希臘文原文為：「雖則不足以作為一個肯定命題或否定命題。」

6 *ἄνθρωπος*，即「人的」=「有死的」。

沒有意義，而僅僅是一個聲音。在複合的詞裡面，當然，部分對整體的意思是有所貢獻的；但是，正如已經指出的，[7]它們也並沒有一個獨立的意義。

每一個句子之所以有其意義，並非由於它是身體的某一機能所藉以實現的一種 17a
自然的工具，而是如我們所指出那樣由於習慣。但每一個句子不都是一個命題；只有那些在其中或有正確或有錯誤存在的句子，才是命題。例如：一個祈禱是一個句子，可是它既不是正確的，也不是錯誤的。

因此，讓我們撇開所以有其他類型的句子而只談命題，因爲命題才是與我們目前的研究有關的，而對於其他類型句子的探討，不如說是屬於修辭學或詩學的研究範圍。

5. 第一類的簡單命題是簡單的肯定命題，第一類的簡單命題是簡單的否定命題；其他的都是由結合而形成的。

每一個命題必須包含一個動詞或一個動詞的時態。用來定義「人」這個屬的短句，如果沒有現在時的、過去時的或將來式的動詞加上去，就不是一個命題。有人要問，「一個兩腳的有足動物」這個用語如何能夠被稱爲單一的；因爲並不是這些

---

7 參閱 16a22—26。

字接連不斷而來這個情況就能造成統一性。不過，對這一點的討論，屬於與我們目前的研究不相干的研究範圍。[8]

那些標誌一個單一的事實的命題，或者其各部分的聯合形成了一種單一性的命題，我們就稱之爲單一的命題；反之，那些標誌許多事實或者各部分並無聯合的命題，乃是分離的眾多命題。

再者，讓我們同意將一個名詞或動詞僅僅稱爲一個用語，而不稱爲一個命題，因爲當一個人想把某些東西表達出來的時候，他以這種方式來說話是不可能有所陳述的，不論他的發言是對一個問題的答覆，抑或是他自己主動的一種行爲。

再回頭說一遍：在命題中間，有一種是簡單的命題，即是，那種對於某事物斷言了或否認了某些東西的命題；另一種命題是複合的，即是，那些由簡單命題合成的命題。一個簡單命題是一個有意義的陳述，說出一個主體中某一東西的存在或不存在，按照時間的劃分，有現在時態的、過去時態的或將來時態的。

6. 一個肯定命題是關於某一事物正面地斷言了某些東西，一個否定命題是關於某一事物作了一種反面的斷言。

---

8 這是一個形上學方面的問題，亞里斯多德在他的《形上學》一書中討論了這個問題。

既然人們能夠肯定和否認某一存在的東西的存在，又能夠肯定和否認某一不存在的東西的存在，[9]並且既然這些同樣的肯定和否定在現在以外的時間中的事物都是可能作的，所以，也就可能對任何肯定或否定提出矛盾說法。因此，顯然每一個肯定都有與之對立的否定，同樣地，每一個否定都有一個對立的肯定。

我們將稱這樣一對命題爲一對矛盾命題。那些具有同一的主詞和受詞的肯定命題和否定命題，就稱爲矛盾命題。主詞的同一和受詞的同一，必須不是「同名異義的」。眞的，除此之外，還有一定的限制，我們之作那些限制，乃是爲了對付詭辯者的詭辯。

7. 有些東西是全稱的，另外一些東西則是單稱的。「全稱的」一詞，我意思是指那具有如此的性質，可以用來述說許多主體的；「單稱的」一詞，我意思是指那不被這樣用來述說許多主體的。例如：「人」是一個全稱的，「卡里亞斯」是一個單稱的。

我們的命題必然有時涉及一個全稱的主詞，有時涉及一個單稱的主詞。

---

9 希臘文原文是：「既然人們能夠把存在的東西斷言為存在，又能夠把不存在的東西斷言為存在，又能夠把存在的東西斷言為不存在，又能夠把不存在的東西斷言為不存在，……」

那麼，如果有人關於一個全稱主詞作了一個一般性的肯定命題和一個一般性的否定命題，則這兩個命題乃是「相反」命題。用「關於一個全稱主詞的一個一般性的命題」這個詞句，我意思是指像「每一個人都是白的」、「沒有一個人是白的」這樣的命題。反之，當肯定的命題和否定的命題雖然是關於一個全稱主詞的，但卻並非一般性的時候，它們就將不是相反的，雖則所指的意思有時是相反的。作爲有關一個全稱主詞而卻不屬於一般性的命題的例子，我們可以舉出像「人是白的」、「人不是白的」這些命題。「人」是一個全稱，但這個命題卻不是作得具有一般性的；因爲「每一個」一詞，並不使主詞成爲一個全稱，而是對命題給以一種一般性。不過，如果受詞和主詞兩者都是周延的，則這樣構成的命題將是錯誤的；在這種情況之下沒有什麼肯定命題會是正確的。「每個人是每個動物」是這類型的命題之一例。

一個肯定命題以我用「矛盾命題」一詞所指的意義與一個否定命題相對立，如果兩者的主詞仍相同，而肯定命題是一般性的但否定命題卻不是一般性的。肯定命題「每個人都是白的」乃是否定命題「並非每個人都是白的」的**矛盾命題**，還有，命題「沒有一個人是白的」乃是命題「有些人是白的」的**矛盾命題**。但當肯定命題和否定命題兩者都是一般性的時候，則它們乃是作爲**相反命題**而互相對立的，如像在「每個人都是白的」、「沒有一個人是白的」、「每個人都是公正的」、「沒有一個人是公正的」等句子裡面那樣。

我們看見，在一對這樣的命題中，兩者不能同時都是正確的；但一對相反命題的矛盾命題，有時對於同一個主詞而言，能夠兩者都是正確的；例如：「並非每個人都是白的」和「有些人是白的」兩個命題都是正確的。至於那種談及全稱的主詞並且具有一般性的一個肯定命題和與它相應的否定命題，其中一個必是正確的，另一個是錯誤的。如所談的是單稱主詞，情形也一樣，例如：在命題「蘇格拉底是白的」和「蘇格拉底不是白的」就是這樣的。

在另一方面，當所談及的是全稱主詞，但命題卻不是一般性的時候，就並不是常常要一者爲正確的而他者爲錯誤的，因爲我們可以這樣說：「人是白的」和「人不是白的」，或「人是美麗的」和「人不是美麗的」而並不錯誤；因爲，如果一個人是畸形的，他就是美麗的反面，又如果他正在向美麗發展，他就還不是美麗的。

我這樣說，初看起來很可能似乎自相矛盾，因爲命題「人不是白的」顯得好像等於命題「沒有一個人是白的」。不過，事實並不是這樣，它們也並不是必然要同時是正確的或同時是錯誤的。

並且，很顯然，與一個單一的肯定命題相應的一個否定命題，本身也是單一的；因爲這個否定命題必須恰恰否定那個肯定命題關於同一主詞所肯定的東西，並且，在關於主詞的全稱性或特稱性這個問題，以及主詞被視爲周延的抑不周延的這個問題上，否定命題必須與肯定命題相符。

例如：肯定命題「蘇格拉底是白的」的恰當的否定命題是「蘇格拉底不是白的」。如果主詞被否定具有一些別的東西，或者雖然受詞仍舊不變而主詞卻是另外一個，那麼，所作的否定命題對於那個肯定命題就不會是恰當的，而將是一個不同的否定命題。

肯定命題「每個人都是白的」的恰當的否定命題是「並非每個人都是白的」；肯定命題「有些人是白的」的恰當的否定命題是「沒有一個人是白的」，而對於肯定命題「人是白的」的恰當的否定命題乃是「人不是白的」。

我們還指出了一個單一的否定命題乃是以矛盾命題的姿態與一個單一的肯定命題相對立的，並且我們已說明了這些是些什麼命題；我們也已說出相反命題和矛盾命題是有區別的，以及什麼是相反命題；還指出，就一對對立的命題而言，不是總要一者爲正確的而他者爲錯誤的。再者，我們還指出這一點的理由何在，以及在何種情況之下其一者的正確必然包含另一者的錯誤。

8. 一個肯定命題或否定命題乃是單一的，如果它是指出關於某一主體的某一事實；主詞是否是全稱的，陳述是否帶著一般性，都沒有關係。這種單一的命題是：「每個人都是白的」、「並非每個人都是白的」；「人是白的」、「人不是白的」；「沒有一個人是白的」、「有些人是白的」；只要「白的」一詞有一個意義。反之，如果一個詞有兩個意義，而這兩個意義並不結合而形成一個意義，則肯定命題[10]就不是單一的。例如：如果有人把「衣服」這個符號設定爲標示馬和人兩者，那麼命題「衣服是白的」就將不會是一個單一的肯定命題，而其對立的命題也不會是一個單一的否定命題。因爲它就會等於命題「馬和人是白的」，而這個命題，又是等於「馬是白的」和「人是白的」這兩個命題。那麼，如果這兩個命題不只有一個單一的意義，並且不形成一個單一的命題，則顯然最初那一個命題就或者有多於一個的意義，要不然就是沒有意義；因爲一個個別的人並不是一匹馬。

所以這乃是那些命題的例子之一，在這種命題中，肯定形式和否定形式兩者可以同時是正確的或錯誤的。[11]

9. 在有關現存事物或已發生的事物的場合，命題不論其爲肯定的或否定的，都必須或爲正確的，或爲錯誤的。至於一對矛盾命題，則正如上面所已指出的，[12]不論主詞是全稱的並且命題乃是有一般性的，抑或是主詞是單稱的，兩個命題其一

---

10 Bekker 本此處加上「否定命題」：「……則肯定命題和否定命題就不是單一的。」

11 希臘文原文此句為：「因此在這裡，兩個互相矛盾的命題並不需要一者必是正確的，一者必是錯誤的。」

12 參閱 $17^{a}26$—29。

必定爲正確的而其他必定爲錯誤的；反之，當主詞雖是全稱的，但命題卻並非有一般性的時候，就沒有這種必然性。我們在前面的一章中也已討論了這個類型的命題。[13]

不過，當主詞是單稱的，而被用來述說它的東西是屬於將來的東西的時候，情形就不同了。因爲，如果所有的命題不論肯定的或否定的，都或者是正確的，或者是錯誤的，那麼，任何一個受詞，必定就或者屬於該主詞，或者不屬於該主詞，因之如果有人斷定具有某種性質的一個事件將會發生，而另一個人則否認它，那麼，顯然其中一人的話就將與實在相符，而另一個人的話就將不與實在相符，因爲該一受詞在將來的任何時間中不能夠同時既屬於該一主詞又不屬於它。

例如：如果說一個東西是白的這句話是正確的，它就一定必然是白的；如果反面的命題是正確的，它就將必然地不是白的。再者，如果它是白的，那麼，先前說它是白的那個命題，就是正確的；如果它不是白的，則反面的命題就是正確的。而如果它不是白的，則那個說它是白的的人，就是說出一個錯誤的命題；而如果那個說它是白的的人乃是說出一個錯誤的命題，則可推論該物不是白的。因此，可以主

13 參閱 $17^{b}29$—37。

張肯定命題或否定命題必定是或爲正確的，或爲錯誤的。

現在，如果是這樣，那麼就沒有什麼東西能夠是偶然地發生的，不論是現在或在將來；因之萬事是無選擇的餘地的；每件事物皆按必然性發生，並且是注定了的。因爲或者是那肯定它將發生的人的話與事實相符，或者是那否認它將發生的人的話與事實相符，兩者必居其一；反之，如果事物不是按必然性而發生，則一事件就能夠隨便不發生，正像它能夠隨便發生一樣；因爲就其對於現在或將來的事物的關係而言，「偶然的」一詞的意義就是說：實在界是如此構造的，以致事物的發生可能採取兩個對立的方向中的任何一個。

再者，如果一件東西現在是白的，那麼，先前說「它將會是白的」那句話就是正確的；這樣一來，對於任何曾發生了的事物，事先所說的「它是」或「它將是」都總是正確的。但如果說一事物「是」或「將是」的話總是正確的，那麼，它不是或將不是就不是可能的，而如果一事物不能不將發生，那麼，就不可能是它將不發生，而如果不可能是它將不發生，那麼，它就必定將發生。所以，一切將要發生的，一定必然發生。由此得到一個結論，沒有什麼東西是不確定或偶然的，因爲，如果它是偶然的，它就不會是必然的。

再者，如果說肯定命題和否定命題都不是正確的而主張（譬如說）一事件既不是將要發生也不是將不發生，這乃是採取了一個不可辯護的立場。第一，雖然事實證明一個命題是錯誤的，但那個與它對立的命題仍然會是不正確的。第二，如果眞可以說一件東西既是白的又是大的，那麼這兩個性質就必然屬於這件東西；而如果它們明天將屬於它，那麼，它們明天就一定必然屬於它。但如果一件事既不將於次日發生，又不將不發生，那麼偶然（τὸ ὁπότερ' ἔτυχεν）[14]這個因素就會被取消了。例如：就將必然地是：一場海戰既不是將於次日發生，又不是不將發生。

這些難於對付的結果和同類的其他結果會跟著出現，如果這乃是一種不容反駁的規律：在每一對矛盾命題中間，不論它們是對全稱主詞而發並有一般性的，抑或是只對單稱主詞而發的，其一必定是眞的而他一個必定是錯誤的，並且不容選擇，所以存在的和發生的事物都是必然性的結果。如果是這樣，那麼，人們就不需要去在「如果我們採取某一行動，某一結果就會產生，而如果我們不採取它，這個結果就不會發生」的這個假定上去考慮或操心了[15]。因爲，一個人可以早一萬年預言一件事，另一個人可以預言它的反面；那在過去一個時候被預言得對的，就必然地將在時間已成熟的時候發生。

14 「或此或彼」。

15 關於這兩句，參見〈譯後記〉。——中譯者。

再者，不管人們事實上曾否把這種矛盾的命題說出來，都沒有什麼關係。因
爲，很顯然，實際的情況是不受任何人作了肯定命題或否定命題這個事實所影響
的。因爲事件將不會因爲曾有人說它們會發生或不會發生而發生或不發生，不論這
19a 種預言在一萬年或任何一個時期以前說出的，情形也沒有半點不同。因此，如果歸
根結柢事物具有這樣的本性，使得一個關於一件事的預言成爲眞的，那麼，那個預
言終於就必然會獲得實現；並且對於一切發生的事件而言，情況總是這樣的，它們
的發生乃是必然之事。因爲，凡某人說其將發生的事，如說得對，就不能不發生；
而對於發生的事，事先說它將發生也總是正確的。

但是，這種看法引起一個不可能的結論；因爲，我們看到，考慮和行爲兩者就其對於將來的事物而言，乃是能起作用的；並且我們也見到，一般來說，在那些不是接續不斷地實存著的事物中，是有兩個方向的可能性的。這種事物可以有，也可以沒有；事件也因此可以發生或不發生。關於這種事物，有許多很顯著的例子。很可能這件衣服會被割成兩半，但它可以不被割成兩半而是先被穿破。同樣地，可能它不會被割成兩半；除非是這樣，就不會有可能它將先被穿破。其他的具有這種可能性的事件也是如此。因此，顯然並非必然每件事物都存在或發生；在有些事例中，是有選擇的餘地的；在這種場合，肯定的命題比否定的命題既不是更正確也不是更錯誤；有些事物雖然一般地總是顯出將採取某一個方向，但結果卻能夠例外地

採取了對立的方向。

存在的東西，當它存在的時候，必定要存在，而不存在的東西，當它不存在的時候，必然要不存在。但不能無保留地說，所有的存在和不存在，乃是必然性的結果。因爲，說存在的東西當它存在的時候必定要存在，和僅僅說凡存在的東西必定要存在，這兩種說法之間是有差別的，關於不存在的東西，情形也相同。關於兩個矛盾命題的情形，亦復如此。每件事物必定或者存在或者不存在，不論是現在或在將來；但並不是常常可能加以分清，並確定地說出存在和不存在這兩者中何者是必然的。

讓我舉例說明。一場海戰必定或將於明天發生或不發生，但並不是必然它將於明天發生，也不是必然它將不發生，可是它卻必然或將於明天發生或不發生。既然命題是符合於事實的，所以顯然，當在未來的事件中是有選擇的餘地和一種相反的方向的可能性時，則相應的肯定命題和否定命題也有同樣的性質。

對於那些不是永遠存在或不是永遠不存在的事物，情形就是這樣。在這類事例中，兩個命題中之一必定是正確的而另一個必定是錯誤的，但我們不能確定地說這一個或那一個是錯誤的，而必須不加以決定。誠然，其中之一較另一個可以更像是19b 正確的，但它既不能實在是正確的，也不能實在是錯誤的。因此，顯然不是必然在一個肯定命題和一個否定命題中間其一，必須是正確的而另外一個必須是錯誤的。

因爲關於那些可能存在而不是實在存在著的東西，那適用於實在存在著的東西的規律乃是不適用的。實際情形毋寧是如我們所指出的那樣。

10. 肯定命題是關於一個主詞的一件事實的陳述，而這個主詞或者是一個名詞，或者是那沒有名稱的東西；在一個肯定命題中，主詞和受詞必須各指一件單一的事物。我已解釋過[16]名詞和那沒有名稱的東西是什麼意思；因爲我說過，嚴格地說來，「非人」這個用語不是一個正當意義的名詞，而是一個不確定的名詞，它在某種意義上也表示著一件單一的東西。同樣地，「不是健康的」這個用語並不是一個正當的動詞，而是一個不確定的動詞。所以，每一個肯定命題和否定命題，將是由一個確定的或不確定的名詞和一個動詞所構成。

缺乏動詞，就不能有肯定命題或否定命題；因爲「是」、「將是」、「曾是」、「正將要是」以及諸如此類的用語，按照我們的定義乃是動詞，因爲除它們的特殊意義之外，它們還表達了時間的概念。

因爲，最基本的肯定命題和否定命題像是下面這些：「人是」、「人不是」。次於這些的是：「非人是」、「非人不是」。再其次我們有這些命題：「每

---

16 16^a19，30。

個人都是」、「每個人都不是」、「所有的非人都是」、「所有的非人都不是」。對於過去和未來，這同樣的分類也適用。

當動詞「是」是作爲第三個因素被用於句子裡面時，肯定命題和否定命題就能夠各有兩種。例如：在句子「人是公正的」裡面，動詞「是」是作爲第三個因素被使用的，不管你稱它爲動詞或名詞。因此，用這些材料你就能形成四個命題而不是兩個命題。四個命題中的兩個[17]，就它們所肯定的和否定的來看，它們的邏輯的推斷是相當於那論及一種缺乏的狀況的命題的；其他兩個，則不相當於這些命題。

我意思是說：動詞「是」既被加到「公正」一詞上，又被加到「不公正」一詞上，並且兩個否定命題也以同樣方式形成。這樣，我們就有了四個命題。

參考所附的圖表，就可以把事情弄清楚：

A 肯定命題。「人是公正的」。	B 否定命題。「人不是公正的」。
D 否定命題。「人不是不公正的」。	C 肯定命題。「人是不公正的」。

17 就是下段的B和C兩個命題。——中譯者。

這裡，「是」和「不是」被加到「公正」上去，或被加到「不公正」上去。所以這乃是這些命題的恰當的圖式，正如在《分析篇》中已經指出的。[18] 如果主詞是周延的，同樣的規則仍然是有效的。因此我們有這個表：

A' 肯定命題。「每個人都是公正的」。	B' 否定命題。「並非每個人都是公正的」。
D' 否定命題。「並非每個人都是不公正的」。	C' 肯定命題。「每個人都是不公正的」。

但在這裡，表中爲對角線所連的命題並不可能完全像前一種情形中那樣兩者同時都是正確的，雖然在某種情況之下也可以是這樣。

這樣，我們已經定出了兩對對立的命題；並且還有另外兩對，如果我們把一個詞和「非人」連結起來，讓後者形成一種主詞。例如：

A'' 非人是公正的。	B'' 非人不是公正的。
D'' 非人不是不公正的。	C'' 非人是不公正的。

18 《分析前篇》51^b36—52^a17。

20a 這就詳盡地列舉出了所有可能被形成的各對對立命題。最後一組應該與前面那些區別開來，因爲它用了「非人」這個用語作爲它的主詞。

當動詞「是」不適用於句子的構造時（例如：當所用的是動詞「步行」、「享有健康」的時候），那個圖表還是適用的——就是那個當「是」字被加上去時可適用的圖表。

這樣，我們就有下面這些命題：「每個人都享有健康」、「每個人都不享有健康」、「所有非人都享有健康」、「所有非人都不享有健康」。

在這些命題中，我們必須不要用「並非每個人」這樣的用語。否定詞應該附加在「人」一字上，因爲「每一個」這個字並不給主詞以一種一般性的意義，而是蘊涵著：作爲主詞，它是周延的。這一點可以清楚地從下列各對命題看出來：「人享有健康」、「人不享有健康」、「非人享有健康」、「非人不享有健康」。這些命題和前面那些命題之所以不同乃在於它們是不確定的，並且不是全稱性質的。所以，形容詞「每一個」和「沒有一個」除了表示主詞——（不論它是在肯定句子中或在否定句子中）——乃是周延的之外，並無另外的意義。因此句子的其他部分在各種例子中都將是相同的。

既然命題「每個動物都是公正的」的相反命題乃是「沒有一個動物是公正的」，顯然，這兩個命題就永遠不能在同一個時候或對同一個主詞而言是正確的。

不過，有時候這兩個相反命題的矛盾命題會同時是正確的，例如在我們面前這個例子：命題「並非每個動物都是公正的」和命題「有些動物是公正的」兩者都是正確的。

再者，命題「沒有一個人是公正的」，可以從命題「每個人都是不公正的」推論出來，而與「每個人都是不公正的」相對立的命題「並非每個人都是不公正的」，則可以從命題「有些人是公正的」推論出來；因爲如果這是正確的，就必定有些公正的人。

並且也很顯然，當主詞是單稱的時候，如果提出一個問題而否定的答覆是正確的，那麼，某一個肯定的命題也是正確的。例如：如果所問的問題是「蘇格拉底是有智慧的嗎？」，而否定的答覆是正確的，則「那麼蘇格拉底是不智的」這個肯定的推理就是正確的。但在全稱主詞的場合，就沒有一個這樣的推論是正確的，反而是一個否定命題才是正確的。例如：如果對於「是每個人都有智慧嗎？」這個問題的答覆是「不」，則「那麼，每個人都是沒有智慧的」這個推論乃是錯誤的。在這種情況之下，「並非每個人是有智慧的」這個推論才是正確的。這後者乃是原來命題的矛盾命題，而前者乃是它的相反命題。

由像「非人」或「不公正」這樣的不確定的名詞或受詞所構成的否定性用語，可以好像是一種不包含著正當意義下的名詞或動詞的否定命題。但它們並不眞是如此。因爲一個否定命題永遠必定或是正確的或是錯誤的，但那用「非人」這個用語的人，如果沒有什麼別的再加上去，比起那用「人」這個用語的人，卻並不是更接近而是更遠離了那必定爲正確或爲錯誤的陳述方式。

命題「凡不是人的東西都是公正的」及其矛盾命題（即「並非凡不是人的東西都是公正的」），並不等於任何其他命題；反之，命題「凡不是人的東西都不是公正的」）卻等於命題「沒有一個不是人的東西是公正的」。

一個句子中主語和述語的換位[19]，並不引起句子意義的改變。例如：我們說「人是白的」和「那白的是人」。[20]如果這兩個句子不是相等的，則對於同一個命題就會有一個以上的矛盾命題，但我們已證明[21]每個命題都有而且只有一個恰當的矛盾命題。因爲命題「人是白的」的適當矛盾命題是「人不是白的」，而命題「那白的是人」，如果它的意義是不同的，則它的矛盾命題就將或者是「白的不是非

---

19 此處「主語」和「述語」原文為「名詞」或「動詞」（τὰ ὀνόματα καὶ τὰ ῥήματα）；這裡所說的是語法上的主語和述語。這牽涉到修辭學方面的問題。應該注意這裡是說**句子**的主語和述語的換位，而不是**命題**的主詞和受詞的換位。——中譯者。

20 中文當然沒有這樣的習慣，如果有人這樣說，意義是略有不同的。——中譯者。

21 參閱 $17^{b}38$。

人」或者「白的不是人」。但前者乃是命題「白的是非人」的矛盾命題，而後者乃是命題「人是白的」的矛盾命題；這樣，對於一個命題，就將會有兩個矛盾命題。因此，很顯然，主語和述語的相對位置的顛倒，並不影響肯定命題和否定命題的意義。

11.用一件事情來述說許多主體，或用許多事情來述說一個主體所形成的命題，無論它是肯定命題或否定命題，都不是一個單一的命題，除非那許多事情實在是一件事情，那多個的主體乃是一個主體。

我不是把「一」這個字用於那些雖然有一個單一的公認名稱但並不合成一種統一性的東西。例如：人可以是一個動物，並且是兩足的，而且是馴化了的，但這三個受詞卻合成了一種統一性。反之，「白的」、「人」和「步行著」卻並不如此。因此，如果這三者形成了一個肯定命題的主詞，或形成其受詞，這個肯定命題也仍然沒有任何統一性。在這兩種場合，統一性只是語言文字方面的而不是實在的。

因此，如果辯證的問題是要求一個答覆，就是說，或者是要求承認一個前提，或者是要求承認兩個矛盾命題中的一個——前提本身就常常是兩個矛盾命題中的一個——，那麼對於那包含著上面所說那些受詞的一個問題的答覆，就不能是一個單一的命題。因爲，正如我在《正位篇》[22]中已解釋過的，即使所要求的答覆是正確的，問題也不是單一的。

同時，很顯然，具有「它是什麼？」這個形式的一個問題，不是一個辯證的問題，因爲一個辯證問題的發問者必須用他發問的形式讓他的對手有按自己意願二中取一的機會。因此他必須給問題安排出一個更確定的形式而詢問，譬如說，人有或沒有如此的一種特徵。

有些受詞的結合能夠使獨立的受詞結合成一個單一的受詞。讓我們考察一下在什麼條件之下這是可能的和在什麼條件之下是不可能的。我們可以用兩個獨立的命題說人是一個動物和人是一個兩足的東西，我們也可以把兩者結合起來，而說人是一個兩足的動物。

同樣的，我們可以用「人」和「白的」作爲獨立的受詞，或把它們結合爲一。但如果一個人是一個鞋匠，並且也是好的，我們就不能造成一個複合的命題而說他是一個好鞋匠。因爲，如果每當兩個獨立的受詞眞的屬於一個主詞的時候就推論說由它們的結合所得的受詞也眞的屬於主詞，則就有許多荒謬的結果發生。例

---

22 《正位篇》viii, 7。

如：一個人是人，並且是白的。因此，如果受詞永遠可以結合，那他就是一個白的人。再者，如果受詞「白」屬於他，那麼這個受詞與前面那個受詞的結合，就是可容許的。這樣，就能夠說他是一個白的白人，白的白的白人……等等，毫無止境。或者，我們可以把受詞「有教養的」和「白的」和「步行者的」結合起來，並且把這些東西結合許多次。同樣地我們可以說蘇格拉底是蘇格拉底並且是一個人，以及因此他是蘇格拉底這個人[23]，或者說蘇格拉底是一個人和一個兩足的東西，以及因此他是一個兩足的人。[24]所以很顯然，如果一個人無條件地說受詞永遠能夠結合起來，就會有許多荒謬的後果發生。

現在，我們將把應該規定下來的加以說明。

某些受詞，以及形成命題的主詞的那些詞，如果它們對於同一個主體來說是偶然的，或彼此相互之間乃是偶然的，就不能結合成一種統一性。試看「人是白臉色的和有教養的」這個命題。白色和有教養並不結合而形成一種統一性，因爲它們只是偶然地屬於同一個主體。就算是眞可以說那白的東西是有教養的，「有教養」和「白」也不會形成一種統一性，因爲那有教養的東西是白的這件事只是偶然如此而

---

23 此處 Bekker 本加上「以及說他是人蘇格拉底的蘇格拉底」。

24 Bekker 加上：「以及說他是一個兩足的人的人。」

已；因此，兩者的結合，並不形成一種統一性。

再者，雖然當一個人既是好的又是一個鞋匠的時候，我們不能把兩個命題結合起來而單純說他是一個好鞋匠，但同時我們卻能夠把受詞「動物」和「兩足的」結合起來而說一個人是一個兩足的動物，因爲這兩個受詞並不是偶然的。

再者，那些一個蘊涵在另一個之中的受詞，也不能形成一種統一性，例如：我們不能把受詞「白的」再三地和那已經包含「白的」這個概念的受詞結合起來；把一個人稱爲一個動物人或一個兩足的人也不是對的；因爲「動物」和「兩足的」這些概念已內在於「人」一詞中。反之，把一個詞簡直當作任何一個實例的受詞，而說某一個個別的人是一個人，或某一個個別的人是一個白的人，則是可以的。

但，這也不是永遠可能的：眞的，當在添詞〔修飾語〕中有一種引起矛盾的對立因素時，則把簡單的詞作爲受詞乃是不可能的。例如：稱一個死人爲一個人，就不是正確的。不過當情形不是這樣的時候，就並不是不可能的。

實際情況倒不如說是這樣的：當有些這樣的對立因素存在時，分解[25]是永遠不

---

25 所謂「分解」，是英譯者的措辭，指把那本來蘊涵在一個概念（主詞）中的東西分解出來述說該一主詞，如上面所說的「一個個別的人是一個人」。——中譯者。

可能的，但當這種對立因素不存在時，分解還不是永遠可能的。試取「荷馬是這樣的」——譬如說——是「一個詩人」這個命題來考察。是否能推論「荷馬是」[26]，抑不能這樣推論？動詞「是」在這裡只是以偶然的意義〔非本質的意義〕用於荷馬身上而已，該命題說荷馬是一個詩人，而不是以該一字的獨立意義[27]說他存在著。

所以，那些當其中的名詞被發展成爲定義[28]時不包含矛盾的述說[29]，並且在其中諸受詞又是以它們自己原本的意義而非以任何間接的方式屬於其主體的，則個別的東西既可以是簡單的命題的主詞又可以是複合的命題的主詞。但在那些不存在的東西方面，如果說由於它是意見的對象所以它是存在的，就不正確了；因爲人們所持關於它的意見是「它不是」，而不是「它是」[30]。

12. 已經作了這些區別之後，我們必須來考察那些斷言或否認可能性或偶然

---

26 「荷馬是」（’έστιν有「荷馬存在」之意）。

27 「獨立的意義」，指「是」字所包含的存在的意義（existential sense）。

28 「定義」等於我們今天邏輯書上的「定義者」，參閱第十四頁（註7）。——中譯者。

29 「述說」（κατηγοά αις）意思是：用一個受詞來述說一個主詞。「述說」的結果就試一個命題。——中譯者。

30 「它是」（ἔστιν）、「它不是」（οὐκ ἔστι）有「它存在」、「它不存在」之意。

性、不可能性或必然性的肯定命題和否定命題之間的互相關係，因爲這個問題不是沒有困難的。

我們已經承認在複合的用語中間，那些分別具有動詞「是」的肯定形式和否定形式的用語，乃是彼此互相矛盾的。例如：命題「人是〔存在〕」的矛盾命題是
21b 「人不是〔存在〕」，而不是「非人是〔存在〕」；而「人是白的」的矛盾命題是「人不是白的」，而不是「人是不白的」。因爲，如果不是這樣，則既然對於任何主體必或是肯定命題爲正確或是否定命題爲正確，那麼，就會變成有這樣的情形，即眞可以說「一塊木頭是一個不白的人」[31]。

現在，如果情形是這樣，那麼，在那些不包含著動詞「是」的命題裡面，那個代替了這個動詞的動詞，就將起著同樣的作用。這樣，「人步行著」的矛盾命題乃是「人不步行著」而不是「非人步行著」；因爲說「人步行著」緊緊是等於說「人是在步行著」。

然則，如果這個規則是一般的，那麼「可能有這件事」的矛盾命題就是「可能

---

31 「一塊木頭是一個白的人」是錯誤的；因此，它的矛盾命題必須是正確的，即「一塊木頭是一個不白的人」必須是正確的；——如果「人是白的」的矛盾命題能夠是「人是不白的」的話。可見「人是白的」的矛盾命題不能是「人是不白的」。——中譯者。

沒有這回事」，而不是「不能有這件事」。

可是，看來好像同一件事物既可能有，又可能沒有；例如：每件可能被切割或可能步行的東西，也可能避免被切割或不步行；理由在乎：那些具有這個意義下的可能性的東西，並非總是實在的。在這種情形中，肯定命題和否定命題兩者都會是正確的；因爲那能夠步行或能夠被看見的東西，也可能不步行或不被看見。

但既然矛盾的命題對於同一個主詞不可能都是正確的，所以，能夠推斷：「可能沒有這件事」並不是「可能有這件事」的矛盾命題。因爲，上面所說的話有這樣一個邏輯的後果：或者同一個受詞對於同一個主詞能夠同時既適用又不適用，或者肯定命題和否定命題之形成並不是由於分別加上動詞「是」和「不是」。如果前面這個看法必須拋棄，我們就必須選擇後面這個看法。

所以，「可能有這件事」的矛盾命題是「不能有這件事」。同樣的規則適用於命題「偶然有這件事」。這個命題的矛盾命題是「並非偶然有這件事」。類似的命題如像「必然有這件事」和「不可能有這件事」，也可以用同樣的方式來處理[32]。因爲正如在前面的例子中動詞「是」和「不是」被加到句子的材料「白的」和

---

32 它們的矛盾命題是「並非必然有這件事」和「並非不可能有這件事」。——中譯者。

「人」上面去一樣，在這裡句子的材料乃是「有這件事」和「沒有這件事」，而所加上去的乃是「可能」、「偶然」等等。這些詞表示某件事物是可能的或不是可能的，正如在前面的例子中「是」和「不是」表示某些事物是事實或不是事實一樣。

所以「可能**沒**有這件事」的矛盾命題不是「不能有這件事」，而是「不能沒有這件事」；而「可能有這件事」的矛盾命題不是「可能**沒**有這件事」而是「不能有這件事」。這樣，命題「可能有這件事」和「可能**沒**有這件事」就顯出是互相蘊涵的：因爲，既然這兩個命題不是互相矛盾的，那麼同一件事物就可能有也可能**沒**有。但命題「可能有這件事」和「不能有這件事」則永不能對於同一主詞而言同時是正確的，因爲它們是矛盾的。命題「可能沒有這件事」和「不能沒有這件事」也不能對於同一個主詞而言同時是正確的。

談及必然性的命題，也由同樣的原則所控制。「必然有這件事」的矛盾命題不是「必然沒有這件事」，而是「並非必然有這件事」；而「必然沒有這件事」的矛盾命題是「並非必然沒有這件事」。

再者，「不可能有這件事」的矛盾命題不是「不可能沒有這件事」而是「並非不可能有這件事」；而「不可能沒有這件事」的矛盾命題是「並非不可能沒有這件事」。概括起來說，我們必須像已指出的那樣把短句「有這件事」和「沒有這件事」規定爲命題的基本材料，而在將這些詞造成肯定命題和否定命題的時候，我們必須把它們分別和「可能」及「偶然」等詞結合起來[33]。

我們必須把下列各對命題視爲矛盾命題：

可能有這件事。	不能有這件事。
偶然有這件事。	並非偶然有這件事。
不可能有這件事。	並非不可能有這件事。
必然有這件事。	並非必然有這件事。
真的有這件事。	並非真的有這件事。

13. 當我們把命題這樣排列了之後，就能按一定的次序進行邏輯的推斷。從命題「可能有這件事」就可以推論出偶然有這件事，而反過來也一樣。還可以推論出並非不可能有這件事和並非必然有這件事。

從命題「可能沒有這件事」或「偶然沒有這件事」就可推論出並非必然沒有這件事，和並非不可能沒有這件事。從命題「不能有這件事」或「並非偶然有這件事」，就可推論出必然沒有這件事，和不可能有這件事。從命題「不能沒有這件

33 此處後半句 Edghill 的英譯本有誤，茲按希臘文本原文及 Cooke 的英譯本譯出。——中譯者。

事」或「並非偶然沒有這件事」就可推論出必然有這件事，和不可能沒有這件事。

讓我們藉一張表的幫助來考察這些命題：

A	B
可能有這件事。	不能有這件事。
偶然有這件事。	並非偶然有這件事。
並非不可能有這件事。	不可能有這件事。
並非必然有這件事。	必然沒有這件事。

C	D
可能沒有這件事。	不能沒有這件事。
偶然沒有這件事。	並非偶然沒有這件事。
並非不可能沒有這件事。	不可能沒有這件事。
並非必然沒有這件事。	必然有這件事。

現在，命題「不可能有這件事」和「並非不可能有這件事」是可以從命題「可能有這件事」、「偶然有這件事」和「不能有這件事」、「並非偶然有這件事」推論出來的——即矛盾命題從矛盾命題推論出來。但其中有戾換法。命題「不可能有這件事」的否定命題可以從命題「可能有這件事」推論出來，而第一個命題的相應的肯定命題則可以從第二個命題的否定命題推論出來。因爲「不可能有這件事」乃是一個肯定命題，而「並非不可能有這件事」乃是一個否定命題。

我們必須研究一下這些命題和那些談事物的必然性的命題之間的關係。這中間
有所不同，乃是很顯然的。在後面這一種情形中，相反的命題各各從其矛盾的命題
推出來，而矛盾的命題是屬於不同的系列的。因爲，命題「並非必然沒有這件事」
並不是「必然沒有這件事」的否定命題，因爲這兩個命題對於同一個主詞而言可能
22b 都是正確的；因爲，當一事物必然沒有的時候，就並非必然有。爲什麼談事物的必
然性的命題不像其他的命題一樣從同一系列中推出來呢？其理由乃在於這個事實：
命題「不可能〔有這件事〕」當用於一個相反的主詞上時[34]，就等於命題「必然
〔沒有這件事〕」。因爲，當不可能有一事物時，就必然不是有它而是沒有它；而
當不可能沒有一事物時，就必然有該事物。所以，如果說那些談事物的不可能性或
非不可能性的命題，不必改變主詞就可以從那些談事物的可能性或非可能性的命題
推出來，那些談必然性的命題則就須要改爲相反的主詞才能推出來；因爲由「不可
能」和「必然」這兩個詞形成的命題並不是相等的，而是，如上所指，顛倒地連結
著的[35]。

34 指當主詞變為「沒有這件事」時。——中譯者。

35 即當用相反的主詞時就是相等的。——中譯者。

但也許不可能把談事物的必然性的矛盾命題這樣來排列。因爲，當必然有一事物的時候，就可能有它。（因爲如果不是這樣，那麼，就應該推出對立的命題，因爲在兩個對立命題中間必須二中取一；這樣，如果並非可能有它，就是不可能有它，那麼，那一定必然有的東西，就是不可能有的；這當然太荒謬了。）

但從命題「可能有這件事」可以推論出並非不可能有這件事，而從後者又可推論出並非必然有這件事。因此，發生了這樣的情況：那一定必然有的東西，不必一定有；這當然是荒謬的。還有，命題「必然有這件事」並不能從「可能有這件事」推出來，命題「必然沒有這件事」也不能從「可能有這件事」推出來。因爲命題「可能有這件事」蘊涵著兩方面的可能性，反之，如果前面兩個命題之一是正確的，則這個雙重的可能性就消失了。因爲如果一事物可能有，它也就可能沒有，但如果它必然有或必然沒有，二中取一的機會就被排除了。因此，只能是：命題「並非必然沒有這件事」才應該從命題「可能有這件事」推出來。因爲對於那一定必然有的東西，這個命題也是正確的。

再者，命題「並非必然沒有這件事」乃是從那個從命題「不能有這件事」推出來的命題的矛盾命題；因爲從「不能有這件事」可以推出「不可能有這件事」和「必然沒有這件事」，而這後者的矛盾命題乃是命題「並非必然沒有這件事」。這樣，在這種場合，矛盾命題也以所指出的方式從矛盾命題推出來，並且，當它們被這樣排列時，並沒有邏輯上不可能的事情會發生[36]。

可能有人會提出這樣的疑問：命題「可能有這件事」是否能夠從命題「必然有這件事」推出來？如果不能，則必須推論出它的矛盾命題，即不能有這件事；或者，如果人們認爲這並非它的矛盾命題，那麼，則必須推論出命題「可能沒有這件事」。

但對於那必然有的東西，這兩個命題都是錯誤的。同時，人們也認爲：如果一件東西可能被切割，它也就可能不被切割，如果一件事物可能有，它也就可能沒有，因此，好像可以推論說一件一定必然有的事物，可能會沒有；這是錯誤的。所以，顯然事實上並非常常是凡可能有或可能步行的東西，也就具有另一方向的可能性。例外是有的。首先，必須作爲例外的，是那些不是按照理性原則而具備一種可能的東西，像火之具備發熱的可能性，即一種非理性的能力。那些牽涉即一個理
23a 性的原則的可能性，乃是具有一個以上的結果的可能性或者說相反的結果的可能性的；那些非理性的，就不是永遠如此。如上所說，火不能既發熱又不發熱，任何永

---

36 根據這一段，上面表中A系列最後一命題即「並非必然有這件事」應該和C系列中最後命題即「並非必然沒有這件事」對調位置。

遠是現實的東西，也沒有什麼雙重的可能性。但即使在那些非理性的可能性中間，有些也容許對立的結果。不過，上面所說的話已足夠強調指出這個眞理，即並非每種可能性都容許對立的結果，即使當「可能」一詞永遠是以同一的意義被使用的時候。

但有時「可能」一詞是同名異義地來使用的。因爲「可能」一詞是有歧義的；在一種情況之下，它被用來指事實，指那已現實化了的，例如：說一個人發覺步行是可能的，因爲他實際上是在步行著；一般來說，當我們因爲一種能力實際上已現實化了而把該種能力賦予一件事物的時候，我們就是在使用這個意義下的「可能」一詞。在別的場合，它是用來指某一種能力，這種能力在一定條件之下是能現實化地，例如：我們說一個人發覺步行是可能的，因爲在某種條件之下他會步行。這後一種可能性，只屬於那能夠運動的東西，前一種則並且能夠存在於那沒有這種運動能力的東西那裡。對於那是在步行著並且是現實的東西，以及對於那有這種能力雖然不一定現實化了這種能力的東西，都能正確地說它並非不可能步行（或者，在別種情形，並非不可能有這種事）；雖然我們不能把後一種可能性用來述說那絕對必然有的東西，我們卻能把前一種可能性用來述說它。

因此，我們的結論是這樣的：既然全稱的命題是從特稱的命題推出來的，所以，必然有的事物也就是可能的，雖則不是在這個詞可能被使用的每一種意義之下都如此。

我們也許可以這樣說，必然性和非必然性乃是存在和不存在的最初原理，其他的一切都必須被認爲是在這些之後的。

由上所說，很顯然，有必然性的東西就是現實的東西。所以，如果永恆的事物是占先的，則現實性也就先於可能性。有些東西是不包含可能性的現實性，這就是那些第一性實體；第二類包括那些現實的但也可能的東西，它們的現實性，按本性來說是先於它們的可能性的，但在時間上則後於可能性；第三類包括那些永遠未現實化而只是純粹的可能性的東西。

14. 有這個問題發生：一個肯定命題的相反命題是一個否定命題呢，還是另一個肯定命題？命題「每個人是公正的」的相反命題是「沒有一個人是公正的」呢？還是命題「每個人是不公正的」呢？試取命題「卡里亞斯是公正的」、「卡里亞斯不是公正的」和「卡里亞斯是不公正的」等命題來看看；我們必須來找出在這些命題裡面，哪兩個是相反命題。

現在，如果口語是符合於心靈的判斷的，並且，如果想在思想裡面，那宣稱一個相反事實的判斷乃是另一個判斷的相反判斷，其方式猶如「每個人是公正的」這個判斷之宣稱一個與「每個人是不公正的」這個判斷所宣稱者正相反的事實，則同樣的規律必定也適用於口語中的肯定命題方面。

但是，如果在思想中，並非那宣稱一個相反的事實的判斷就是另一判斷的相反者，那麼，一個肯定判斷就將不會以另一個肯定判斷作爲自己的相反者，而會以那相應的否定判斷作爲自己的相反者。因此我們必須考察哪一個是正確判斷是某一個錯誤判斷的相反者，是那否定這個錯誤判斷的判斷呢，還是那肯定一個相反的事實的判斷？

讓我舉例說明。關於一個好的東西，有一個正確的判斷，即它是好的；又有另
23b 一個錯誤的判斷，即它是不好的；還有的三個不同的判斷，即它是壞的。和那正確判斷相反的，是這後兩個判斷中的哪一個？如果後面這兩個判斷是相同的，那麼，也還可以問：就表達方式而言，是其中哪一個形成了那個判斷的相反者？

以爲判斷是由於它們有相反的主詞而被規定爲相反判斷，這乃是一種錯誤；因爲那個關於一件好的東西的判斷，即它是好的，以及那個關於一件壞的東西的判斷，即它是壞的，可能是同一的，並且，不管它們是不是同一的，它們兩者都是正確的。而主詞在此處是相反的。但是，判斷並非由於它們有相反的主詞而就是相反的判斷，卻是由於它們所說的事實是相反的。

現在，如果我們來看看好的東西是好的這樣一個判斷，和它不是好的這另一個判斷，並且，如果同時還有其他不屬於也不能屬於好的東西的屬性，那麼，我們還是得拒絕把那些認爲其他某種不存在的屬性是存在的判斷和那些認爲其他某種存在

的屬性是不存在的判斷[37]當作那個正確的判斷的相反判斷；因爲，這兩類的判斷其內容都是無限的[38]。

只有那些在其中有錯誤存在的判斷，才應該被稱爲與那個正確判斷相反。現在，這種判斷恰正是那些涉及發生的起點[39]的判斷，而發生是從一極端過渡到其對立的極端；因此，錯誤就是一種類似的過渡。

可是，好的東西既是好的，又是不壞的。第一種性質是它的本質，第二種是它的偶然的性質；因爲，是出於偶然它才是不壞的。但是，如果正確的判斷當它是涉及主體的內在本性時就是最眞正地正確，那麼，錯誤的判斷也同樣是最眞正地錯誤，當它是涉及主體的內在本性的時候。現在，好的東西不是好的這個判斷，乃是一個涉及它的內在本性的錯誤判斷，而它是壞的這個判斷，乃是一個涉及偶然的性質的判斷。因此，那個否認正確判斷的正確性的判斷，比起那個正面斷定相反性質的存在的判斷，更眞正地是錯誤的。但正是那個作了那與正確判斷相反的判斷的

---

37 「那些認為其他某種不存在的屬性是存在的判斷和那些認為其他某種存在的屬性是不存在的判斷……」——這種判斷當然是錯誤的，但仍然不能形成那正確判斷的相反者，因為它們的數目可以無限之多。——中譯者。

38 即是這類判斷的數目可以無限之多，而相反的判斷應該只有一個。

39 發生的起點ἐξῶ ναε γε νέ σευs指「存在」和「不存在」（即「是」和「不是」）。——中譯者。

人，才是最澈底地錯誤，因爲相反的東西，乃是同類中差別最大的東西。所以如果在兩個判斷中，其一是與正確的判斷相反的，而矛盾的判斷則更眞正地是相反的，那麼，似乎後者才是眞正的相反判斷。好的東西是壞的這個判斷，乃是複合的。因爲，大概那個作這個判斷的人，同時也必定要知道好的東西不是好的。

再者，矛盾的判斷或者總是或者絕不是相反判斷；因此，如果它在一切其他場合中一定必須如此，則我們對剛才所討論的例子所作的結論，也似乎是正確的。現在，當〔所談的〕詞沒有相反者的時候，則那個否定正確判斷的判斷，乃是錯誤的；例如：誰以爲一個人不是一個人，誰就是作了一個錯誤的判斷。所以在如果在這個場合否定判斷是相反判斷，那麼，這個原則就是有一般性的。

再者，不好的東西不是好的這個判斷，和好的東西是好的這個判斷，乃是平行的。此外，好的東西不是好的這個判斷，和不好的東西是好的這個判斷，也是平行的。因此，讓我們也來考察什麼形成了那與不好的東西不是好的這個正確判斷相反的判斷。它是壞的這個判斷當然沒有這個資格，因爲兩個正確的判斷絕不能是相反的，而這個判斷跟上面那個與它有關係的判斷則可以同時都是正確的。

因爲既然有些不好的東西也是壞的，所以這兩個判斷可以都是正確的。它不是壞的這個判斷，也不是相反判斷，因爲這個判斷也可以是正確的，既然此兩種性質都可以用來述說同一主體。因此，剩下來的只能是：我們關於不好的東西所作的

它的不是好的這個判斷，其相反的判斷乃是它是好的；因爲這個判斷是錯誤的。再
24[a] 者，以同樣的方式，我們關於好的東西所作的它不是好的這個判斷，乃是它是好的
那個判斷的相反判斷。

顯然，如果我們把肯定判斷全稱化，也不致引起不同，因爲那時候全稱的否定
判斷將形成它的相反判斷。例如：每樣好的東西是好的這個判斷的相反判斷是沒有
什麼好的東西是好的這個判斷。因爲好的東西是好的這個判斷，如果主詞被理解爲
具有全稱的意義，就等於凡好的東西都是好的，而這後者與每樣好的東西是好的這
個判斷是完全相同的。我們可以以同樣方式討論關於不好的東西的判斷。

24[b] 因此，如果這是關於判斷的規則，並且如果口說的肯定命題和否定命題乃是表
達在詞語中的判斷，則很顯然全稱的否定命題乃是關於同一主體所作的肯定命題的
相反命題。例如：命題「每樣好的東西都是好的」、「每個人都是好的」的相反命
題是「沒有什麼好的東西是好的」、「沒有什麼人是好的」。反之，它們的矛盾的
命題，則是「並非每樣好的東西都是好的」、「並非每個人都是好的」。

也很顯然，正確判斷和正確判斷，或正確命題和正確命題，不能說是彼此相反的。因爲，當兩個命題都是正確的時候，一個人可以同時說出它們而沒有什麼不一貫，反之，相反的命題卻是那些說出相反情況的，而相反的情況不能同時存在於同一個主體裡面。

譯後記

(1)《範疇篇》（Catergoriae）和《解釋篇》（De Interpretataione）是亞里斯多德《工具論》一書中較短的兩篇。我是從 E. M. Edghill 的英譯重譯出來的；他的譯文收集在牛津大學的亞里斯多德作品集（*The Works of Aristotle*, edited by D. Ross, 12 Vols. Oxford, at the Clarendon Press）第一冊《工具論》（*Organon*）裡面。牛津大學這些英譯曾由 Richard MeKeon 選擇重要的輯成一書，叫做*The Basic Works of Aristotle*（Random House, New York, 1941），我是從這本書譯出的。翻譯和校對時，還參考了 Leob Classical Library 中的 *Aristotle's Organon I* 一書的希臘文原文及其所附 Harold P. Cooke 的英譯。範疇篇在翻譯時還另外參考了Eugen Rolfes的德譯本（*Aristoteles Wreke*, von Eug. Rolfes Verlag von Felix Meiner）。在我認爲牛津本不太好或不正確而根據希臘文原文或德譯本翻譯的地方，我都加以注明。爲了使行文明白，我曾在有些地方加上幾個字，那些地方都用〔〕表明。附注有些是英譯者加的，有些是我加的。這種附注不用說只是供參考而已。正文之前的提要，是原作所無而由英譯者擬加的。

(2)譯本下面的數字是指一八三一年在柏林出版的貝克爾（Bekker）本希臘文亞里斯多德作品集（共兩卷，頁數相接）的頁數、欄號和行數。例如：3^a10就是說在Bekker本第3頁a欄第10行；29^b15就是說在29頁b欄15行。這種記頁法是現在各國亞里斯多德譯本所通用的。自然，由於文字不同，記頁不可能十分準確，但所差極微，總是很容易找到所要的那一句原文的。

(3) 亞里斯多德十範疇的名稱，以及另外一些名詞，往往很難譯得恰如其分，我所用的譯名只能算是暫時的。一六三一年由傅汎際譯義、李之藻達辭的《名理探》（*Commentarii Collegii Conimbricensise Societate Jesu in Universam Dialecticam Aristotelis Stagiritae*，一六一一年在德國出版，葡萄牙高因盤利大學耶穌會士哲學課本）中，十範疇譯爲十倫：自立體、幾何、互視、何似、施作、承受、體勢、何居、暫久、得有。這些譯名雖然太典雅，也有其獨到之處，所以順便在這裡提提它們，供讀者參考。

(4)《解釋篇》中18b31—33，Edghill的英譯欠明確。希臘文原文此處是：*ὥυστε υστε υστε βουλεύεσθαι δέοι ἄν οὔτε πραγματ εύεσθαι, ώςεἄν μέν τοδὶ ποι ήσωμεν, ἔσται τοδί, εαύ δὲ μή τοδί, ούχ ἔσταιτοδί*。關於這一段，去年英國的《心靈》季刊（*Mind*, January 1956 Vol. LXV. No. 257）上刊載的G. E. M. Ancombe所作〈亞里斯多德和海戰〉一文中曾提出批評。她說：「The Oxford translator sits on the fence here.」我認爲Ancombe是對的，因此參照了她的意見譯成現在這樣。我的理由是：亞里斯多德認爲在一定範圍內人的意志是能起作用的，因此，在人類歷史中，在未來的事件方面，是有偶然性存在的。事實上，許多人都是常常這樣考慮關於未來的行動的：「如果我這樣做，就有這樣的結果；如果我不這樣做，就不會有這樣的結果而會有那樣的結果。」人也許想錯了，但那是另一個問題；事實是，只要我們還不能完全洞察宇宙事象的一切無微不至的因果連繫的必然性，我們就還不得不承認意志的決定有時可由人自由選擇並且又能左右未來事件的進程。所以亞里斯多德認爲意志是**一種** ἀρχή（「起點」）。只要我們還不知道什麼微妙的複雜因素決定了將軍們的決定，則很可以說，一場海戰是否將於明天發生，將軍們的決定是起了作用的。而既然將軍們的決定是可此可彼的，在歷史中也就出現了偶然的因素。（說人的意志**其實**是受決定，不過我們**不知道**這些決定因素是什麼而已，這乃是一種乞詞的說法；因爲，只有當意志的決定**已證明**是受決定時，我們才能說這句話。）

上面這些話並不表示我自己對意志自由和偶然性的看法，並且也不一定是對亞里斯多德在這個問題上的見解的正確的陳述。我只不過是舉出來說明我何以把 $18^{b}31$—33譯成現在這個樣子。

(5)《範疇篇》譯文的一部分曾經沈有鼎和苗力田兩位校閱過，他們提出了一些有益的意見，特在此向他們致謝。兩篇譯文不妥之處一定很多，希望讀者盡量指出。

索引

八畫

九畫

十畫

十一畫

十二畫

十三畫

十四畫

亞里斯多德 年表

Aristotle, 384-322 BC

年代	記事
前三八四年	生於今希臘北部的斯塔吉拉（Stagira）。這個城市靠近馬其頓宮廷所在地貝拉（Pella）。亞里斯多德的父親老尼各馬可（Nicomachus）是馬其頓宮廷的御醫，母親是來自優卑亞島（Euboea）的僑民，在斯塔吉拉有房產。亞里斯多德也許在馬其頓宮廷中度過了童年。
前三六七年	旅行到雅典（Athens），就學於柏拉圖的學園。
前三四七年	柏拉圖去世後，也許是因為與馬其頓宮廷的親近關係，亞里斯多德離開雅典。在一位做了阿索斯（Assos）的僭主的柏拉圖主義者赫爾米亞斯（Hermias）的邀請下，亞里斯多德到了阿索斯，並娶了赫爾米亞斯的妹妹（一說養女）庇西阿絲（Pythias）為妻。與色諾克拉底（Xenocrates）和較早回到小亞細亞的另兩位柏拉圖主義者艾拉斯都（Erastus）和克里斯庫（Coriscus）共同發展了雅典學園的小亞細亞分部。《政治學》第七卷在此期間完成。開始對動物學的研究。
前三四五年	旅行到米蒂利尼（Mytilene），繼續動物學研究。
前三四二年	在馬其頓王腓力二世（Philip 二）的邀請下，旅行到貝拉，做亞歷山大（Alexander）的教師。《歐台謨倫理學》可能在這個時期完成。
前三四〇年	腓力南征希臘，亞歷山大為父王攝政，亞里斯多德回到故鄉斯塔吉拉休居。
前三三六年	腓力遇刺，亞歷山大繼位。

年代	記事
前三三五年	亞歷山大遠征亞洲，亞里斯多德的好友安提派特（Antipater）為亞歷山大攝政，兼管希臘軍務。短居斯塔吉拉之後，亞里斯多德回到雅典，在呂克昂（Lyceum）租借了一些健身房，建立了他自己的學園。 同年，庇西阿絲去世，留給亞里斯多德一個女兒小庇西阿絲（Pythias，jr.）。此後，亞里斯多德與一個奴隸海爾庇利絲（Herpyllis）共同生活，後者為他生育了一個兒子尼各馬可（Nicomachus, the son）。《尼各馬可倫理學》大約在這一時期完成。
前三二三年	在亞歷山大猝亡後，亞里斯多德被祭司歐呂麥冬（Eurymedon）控犯大不敬罪，理由是他為赫爾米亞斯寫的一首頌詩褻瀆神靈。亞里斯多德因此決定在判決前離開雅典，以免使雅典人「第二次對哲學犯罪」。他遷居他母親的故鄉哈爾基斯，那裡有他母親的一處房產。
前三二二年	由於長期消化不良和過度工作，逝世於哈爾基斯，享年六十三歲。

經典名著文庫 201

亞里斯多德　範疇篇 解釋篇

Categoriae & De Interpretatione

作　　者 —— 亞里斯多德 (Aristotle)
譯　　者 —— 方書春
發 行 人 —— 楊榮川
總 經 理 —— 楊士清
總 編 輯 —— 楊秀麗
文庫策劃 —— 楊榮川
本書主編 —— 蘇美嬙
封面設計 —— 姚孝慈
著者繪像 —— 莊河源
出 版 者 —— 五南圖書出版股份有限公司
地　　址 —— 台北市大安區 106 和平東路二段 339 號 4 樓
電　　話 —— 02-27055066（代表號）
傳　　眞 —— 02-27066100
劃撥帳號 —— 01068953
戶　　名 —— 五南圖書出版股份有限公司
網　　址 —— https://www.wunan.com.tw
電子郵件 —— wunan@wunan.com.tw
法律顧問 —— 林勝安律師
出版日期 —— 2024 年 1 月初版一刷
定　　價 —— 220 元

國家圖書館出版品預行編目資料

亞里斯多德　範疇篇 解釋篇 / 亞里斯多德 (Aristotle) 著 ; 方書春譯 . -- 初版 -- 臺北市 : 五南圖書出版股份有限公司 , 2024.01
面 ; 公分
譯自 : Categoriae & De Interpretatione
ISBN 978-626-366-478-4(平裝)
1.CST: 亞里斯多德 (Aristotle, 384-322 B.C.)　2.CST: 學術思想　3.CST: 哲學
141.5　112013230